(*Mq. Feuilles 9, 10.*)

BIBLIOTHÈQUE

D'UNE

MAISON DE CAMPAGNE.

TOME X.

PREMIÈRE LIVRAISON.

VOYAGE

SENTIMENTAL.

VOYAGE

SENTIMENTAL.

TOME SECOND.

IMPRIMERIE DE LEBÉGUE.

VOYAGE

SENTIMENTAL,

DE STERNE.

TOME SECOND.

PARIS,

CHEZ LEBÉGUE, IMPRIMEUR-LIBRAIRE,

RUE DES RATS, Nº 14, PRÈS LA PLACE MAUBERT.

1820.

VOYAGE

SENTIMENTAL.

LE FRAGMENT.

Or, comme la femme du notaire dis-
putait sur ce point un peu trop vivement
avec le notaire, je voudrais, dit le notaire
en mettant bas son parchemin, qu'il y eût
ici un autre notaire pour prendre acte de
tout ceci.

Que feriez-vous alors ? dit-elle en se
levant précipitamment... La femme du
notaire était une petite femme vaine et
colérique... Et le notaire, pour éviter une
scène, jugea à propos de répondre avec
douceur.... J'irais, dit-il, au lit.... Vous

pouvez aller au diable, dit la femme du notaire.

Or, il n'y avait qu'un lit dans tout l'appartement, parce que ce n'est pas la mode à Paris d'avoir plusieurs chambres qui en soient garnies; et le notaire, qui ne se souciait pas de coucher avec une femme qui venait de l'envoyer au diable, prit son chapeau, sa canne, son manteau, et sortit de la maison. La nuit était pluvieuse et venteuse, et il marchait mal à son aise vers le Pont-Neuf.

De tous les ponts qui ont jamais été faits, ceux qui ont passé sur le Pont-Neuf doivent avouer que c'est le pont le plus beau, le plus noble, le plus magnifique, le mieux éclairé, le plus long, le plus large qui ait jamais joint deux côtés de rivière sur la surface du globe.

A ce trait, on dirait que l'auteur du fragment n'était pas Français.

Le seul reproche que les théologiens,

les docteurs de Sorbonne et tous les casuistes fassent à ce point, c'est que, s'il fait du vent à Paris, il n'y a point d'endroit où l'on blasphême plus souvent la nature à l'occasion de ce météore... et cela est vrai, mes bons amis : il y soufle si vigoureusement, il vous y houspille avec des bouffées si subites et si fortes, que de cinquante personnes qui le passent, il n'y en a pas une qui ne coure le risque de se voir enlever ou de montrer quelque chose.

Le pauvre notaire, qui avait à garantir son chapeau d'accident, appuya dessus le bout de sa canne : mais, comme il passait en ce moment auprès de la sentinelle, le bout de sa canne, en la levant, attrapa la corne du chapeau de la sentinelle, et le vent, qui n'avait presque plus rien à faire, emporta le chapeau dans la rivière.

C'est un coup de vent, dit en l'attrapant, un bachoteur qui se trouvait là.

La sentinelle était un gascon. Il devint

furieux, releva sa moustache et mit son arquebuse en joue.

Dans ce temps-là on ne faisait partir les arquebuses que par le secours d'une mèche. Le vent, qui fait des choses bien plus étranges, avait éteint la lanterne de papier d'une vieille femme, et la vieille femme avait emprunté la mèche de la sentinelle pour la rallumer... Cela donna le temps au sang du gascon de se refroidir, et de faire tourner l'aventure plus avantageusement pour lui... Il courut après le notaire et se saisit de son castor. C'est un coup de vent, dit-il, pour rendre sa capture aussi légitime que celle du bachoteur.

Le pauvre notaire passa le pont sans rien dire ; mais arrivé dans la rue Dauphine, il se mit à déplorer son sort.

Que je suis malheureux! disait-il. Serai-je donc toute ma vie le jouet des orages, des tempêtes et du vent? Étais-je né pour entendre toutes les injures, les

imprécations qu'on vomit sans cesse contre mes confrères et contre moi ? Ma destinée était-elle donc de me voir forcé,
par les foudres de l'Église, à contracter
un mariage avec une femme qui est pire
qu'une furie ? d'être chassé de chez moi
par des vents domestiques, et dépouillé
de mon castor par ceux du pont ? Me
voilà tête nue, et à la merci des bour-
rasques d'une nuit pluvieuse et orageuse,
et du flux et reflux des accidens qui l'ac-
compagnent. Où aller ? où passer la nuit ?
quel vent, au moins, dans les trente-
deux points du compas, poussera chez moi
les pratiques de mes confrères.

Le notaire se plaignait ainsi, lorsqu'il
entendit, du fond d'une allée obscure,
une voix qui criait à quelqu'un d'aller
chercher le notaire le plus proche.... Or,
le notaire qui était là se crut le notaire
désigné.... Il entra dans l'allée, et s'y en-
fonça jusqu'à une petite porte qu'il trouva
ouverte. Là, il entra dans une grande
salle, et une vieille servante l'introduisit

dans une chambre encore plus grande,
où il y avait pour tous meubles une lon-
gue pertuisane, une cuirasse, une vieille
épée rouillée et une bandoulière, qui
étaient suspendues à des clous à quatre
endroits différens le long du mur.

Un vieux personnage, autrefois gentilhomme, et qui l'était encore, en suppo-
sant que l'adversité et la misère ne flé-
trissent pas la noblesse, était couché dans
un lit à moitié entouré de rideaux, la tête
appuyée sur sa main en guise de chevet....
Il y avait une petite table tout auprès du
lit, et, sur la petite table, une chandelle
qui éclairait tout l'appartement. On avait
placé la seule chaise qu'il y eût, près de la
table, et le notaire s'y assit. Il tira de sa
poche une écritoire et une feuille ou deux
de papier qu'il mit sur la table... Il ex-
prima du coton de son cornet un peu d'encre avec sa plume ; et, la tête baissée au-
dessus de son papier, il attendait, d'une
oreille attentive, que le gentilhomme lui
dictât son testament.

Hélas ! M. le notaire, dit le gentilhomme, je n'ai rien à donner qui puisse
seulement payer les frais de mon testament, si ce n'est mon histoire.... Et je
vous avoue que je ne mourrais pas tranquillement, si je ne l'avais léguée au public.... Je vous lègue à vous, qui allez
l'écrire, les profits qui pourront vous en
revenir.... C'est une histoire si extraor-
dinaire, que tout le genre humain la lira
avec avidité. Elle fera la fortune de votre
maison.... Le notaire, dont l'encre était
séchée, en puisa encore comme il put.
Puissant directeur de tous les événemens
de ma vie ! s'écria le vieux gentilhomme
en levant les yeux et les mains vers le
ciel ; ô toi dont la main m'a conduit, à
travers ce labyrinthe d'aventures étranges, jusqu'à cette scène de désolation,
aide la mémoire fautive d'un homme in-
firme et affligé.... dirige ma langue par
l'esprit de la vérité éternelle, et que cet
étranger n'écrive rien qui ne soit déjà
écrit dans ce LIVRE invisible qui doit me

condamner ou m'absoudre! Le notaire
éleva sa plume entre ses yeux et la chandelle, pour voir si rien ne s'opposerait à
la netteté de son écriture.

Cette histoire, M. le notaire, ajouta
le moribond, réveillera toutes les sensations de la nature... Elle affligera les cœurs
humains. Les âmes les plus dures, les
plus cruelles en seront émues de compassion.

Le notaire brûlait d'impatience de la
commencer ; il reprit de l'encre pour la
troisième fois, et le moribond, en se tournant de son côté, lui dit : Ecrivez, monsieur le notaire, et le notaire écrivit ce
qui suit.

Où est le reste, dis-je à La Fleur qui
entra dans ce moment dans ma chambre ?

LE BOUQUET.

Le reste ! monsieur, dit-il, quand je lui eus dit ce qui me manquait. Il n'y en avait que deux feuilles, celle-ci, et une autre dont j'ai enveloppé les tiges du bouquet que j'avais, et que j'ai donné à la demoiselle que j'ai été trouver sur le boulevard... Je t'en prie, La Fleur, retourne la voir, et demande l'autre feuille, si par hasard elle l'a conservée. Elle l'aura sans doute, dit-il; et il part en volant.

Il ne fut que quelques instans à revenir. Il était essoufflé, et plus triste que s'il eût perdu la chose la plus précieuse... Juste ciel ! me dit-il, monsieur, il n'y a qu'un quart-d'heure que je lui ai fait le plus tendre adieu; et la volage, en ce peu de temps, a donné le gage de ma tendresse à un valet de pied du comte... J'ai été le lui demander ; il l'avait donné lui-même à une jeune lingère du coin ; et celle-ci en a fait présent à un joueur de

violon , qui l'a emporté je ne sais où... et
la feuille de papier avec ? Oui, monsieur...
nos malheurs étaient enveloppés dans la
même aventure... Je soupirai ; et La Fleur
soupira , mais un peu plus haut.

Quelle perfidie ! s'écriait La Fleur. Cela
est malheureux , disait son maître.

Cela ne m'aurait pas fait de peine , disait La Fleur , si elle l'avait perdu. Ni à
moi, La Fleur , si je l'avais trouvé.

L'on verra par la suite si j'ai retrouvé
cette feuille... ou point.

L'ACTE DE CHARITÉ.

Un homme qui craint d'entrer dans un
passage obscur, peut être un très-galant
homme, et propre à faire mille choses ;
mais il lui est impossible de faire un bon
voyageur sentimental. Je fais peu de cas
de ce qui se passe au grand jour et dans
les grandes rues. La nature est retenue
et n'aime pas à agir devant les specta-

teurs. Mais on voit quelquefois, dans un coin retiré, de courtes scènes qui valent mieux que tous les sentimens d'une douzaine de tragédies du Théâtre Français réunies... Elles sont cependant bien bonnes... Elles sont aussi utiles aux prédicateurs qu'aux rois, aux héros, aux guerriers; et, quand je veux faire quelque sermon plus brillant qu'à l'ordinaire, je les lis, et j'y trouve un fonds inépuisable de matériaux. La Cappadoce, le Pont, l'Asie, la Phrygie, la Pamphilie, le Mexique me fournissent des textes aussi bons qu'aucun de la Bible.

Il y a un passage fort long et fort obscur qui va de l'Opera-Comique à une rue fort étroite. Il est fréquenté par ceux qui attendent humblement l'arrivée d'un fiacre, ou qui veulent se retirer tranquillement à pied quand le spectacle est fini. Le bout de ce passage, vers la salle, est éclairé par un lampion dont la lumière faible se perd avant qu'on arrive à l'autre bout. Ce lumignon est peu utile, mais il sert d'orne-

ment. Il paraît de loin comme une étoile
fixe de la moindre grandeur.... Elle brûle,
et ne fait aucun bien à l'univers.

En m'en retournant le long de ce passage, j'aperçus à cinq ou six pas de la porte,
deux dames qui se tenaient par le bras, et
qui avaient l'air d'attendre une voiture :
comme elles étaient le plus près de la
porte, je pensai qu'elles avaient un droit
de priorité. Je me tapis donc le long du
mur, presque à côté d'elles, et m'y tins
tranquillement... j'étais en noir, et à peine
pouvait-on distinguer qu'il y eût là quelqu'un.

La dame dont j'étais le plus proche,
était grande, maigre, et d'environ trente-
six ans; l'autre, aussi grande, aussi maigre, avait environ quarante ans. Elles
n'avaient rien qui dénotât qu'elles fussent
femmes ou veuves. Elles semblaient être
deux sœurs, vraies vestales, aussi peu
accoutumées au doux langage des amans
qu'à leurs tendres caresses.... J'aurais
bien souhaité de les rendre heureuses...

Mais le bonheur, ce soir, était destiné à leur venir d'une autre main.

Une voix basse avec une bonne tournure d'expression, terminée par une douce cadence, se fit entendre, et leur demanda, pour l'amour de Dieu, une pièce de douze sous entre elles deux.... Il me parut singulier d'entendre un mendiant fixer le contingent d'une aumône, et surtout de le fixer à douze fois plus haut qu'on ne donne ordinairement dans l'obscurité..... Les dames en parurent tout aussi surprises que moi. Douze sous! dit l'une; une pièce de douze sous! dit l'au-l'autre; et point de réponses.

Je ne sais, mesdames, dit le pauvre, comment demander moins à des personnes de votre rang, et il leur fit une profonde révérence.

Passez, passez, dirent-elles, nous n'avons point d'argent.

Il garda le silence pendant une minute ou deux, et renouvela sa prière.

Ne fermez pas vos oreilles, mes belles dames, dit-il, à mes accens. Mais, mon bon homme, dit la plus jeune, nous n'avons point de monnaie.... Que Dieu vous bénisse donc, dit-il, et multiplie envers vous ses faveurs !... L'aînée mit la main dans sa poche.... Voyons donc, dit-elle, si je trouverai un sou marqué... Un sou marqué! Ah! donnez la pièce de douze sous, dit l'homme; la nature a été libérale à votre égard, soyez-le envers un malheureux qu'elle semble avoir abandonné.

Volontiers, dit la plus jeune, si j'en avais.

Beauté compatissante, dit-il en s'adressant à la plus âgée, il n'y a que votre bonté, votre bienfaisance, qui donnent à vos yeux un éclat si doux, si brillant... et c'est ce qui faisait dire tout à l'heure au marquis de Santerre et à son frère, en passant, des choses si agréables de vous deux.

Les deux dames parurent très-affec-
tées ; et toutes deux à la fois, comme par
impulsion, mirent la main dans leur poche, et en tirèrent chacune une pièce de
douze sous.

La contestation entre elles et le sup-
pliant finit ; il n'y en eut plus qu'entre
elles, pour savoir qui donnerait la pièce
de douze sous ; pour finir la dispute, chacune d'elles la donna, et l'homme se retira.

L'ÉNIGME EXPLIQUÉE.

Je courus vite après lui, et je fus tout
étonné de voir le même homme que j'avais
vu devant l'hôtel de Modène, et qui m'a-
vait jeté l'esprit dans un si grand embarras.... Je découvris tout d'un coup son secret, ou au moins ce qui en fesait la base :
c'était la flatterie.

Parfum délicieux ! quel rafraîchisse-
ment ne donnes-tu pas à la nature ! Comme
tu remues toutes ses puissances et toutes

ses faiblesses! Avec quelle douceur tu pé-
nètres dans le sang, et tu l'aides à franchir
les passages les plus difficiles qu'il rencontre dans sa route pour aller au cœur!

L'homme, en ce moment, n'était pas
gêné par le temps, et il prodigua à ces
dames ce qu'il était forcé d'épargner dans
d'autres circonstances. Il est sûr qu'il savait se réduire à moins de paroles dans
les cas pressés, tels que ceux qui arri-
vaient dans la rue ; mais comment faisait-
il ?.... L'inquiétude de le savoir ne me
tourmente pas. C'est assez pour moi de
savoir qu'il gagna deux pièces de douze
sous.... Que ceux qui ont fait une fortune
plus considérable par la flatterie expli-
quent le reste; ils y réussiront mieux que
moi.

ESSAI.

Nous nous avançons moins dans le
monde en rendant des services qu'en en
recevant. Nous prenons le rejeton fané
d'un œillet ; nous le plantons, et nous l'ar-
rosons parce que nous l'avons planté.

M. le comte de B..., qui m'avait été si
utile pour mon passe-port, me le fut encore... Il était venu à Paris , et devait y
rester quelques jours... Il s'empressa de
me présenter à quelques personnes de
qualité qui devaient me présenter à d'autres , et ainsi de suite..

Je venais de découvrir, assez à temps ;
le secret que je voulais approfondir pour
tirer parti de ces honneurs et les mettre
à profit. Sans cela, je n'aurais dîné ou
soupé qu'une seule fois à la ronde chez
toutes ces personnes , comme cela se pra-
tique ordinairement ; et en traduisant ,
selon ma coutume , les figures et les atti-

tudes françaises en anglais , j'aurais vu à
chaque fois que j'avais pris le couvert de
quelqu'un qui aurait été plus agréable à
la compagnie que moi. L'effet tout naturel
de ma conduite eût été de résigner toutes
mes places l'une après l'autre , uniquement parce que je n'aurais pas su les conserver... Mon secret opéra si bien, que
les choses n'allèrent pas mal.

Je fus introduit chez le vieux marquis
de... Il s'était signalé autrefois par une
foule de faits de chevalerie dans la cour
de Cythère, et il conservait encore l'idée
de ses jeux et de ses tournois... Mais il
aurait voulu faire croire que les choses
étaient encore ailleurs que dans sa tête.
Je veux , disait-il , faire un tour en Angleterre ; et il s'informait beaucoup des
dames anglaises... Croyez-moi, lui dis-je,
M. le marquis , restez où vous êtes. Les
seigneurs anglais ont beaucoup de peine
à obtenir de nos dames un seul coup d'œil
favorable ; et le vieux marquis m'invita à
souper.

M. P..., fermier-général, me fit une foule de questions sur nos taxes.... J'entends dire, me dit-il, qu'elles sont considérables. Oui, lui dis-je en lui faisant une profonde révérence; mais vous devriez nous donner le secret de les recueillir.

Il me pria à souper dans sa petite maison.

On avait dit à madame de Q... que j'étais un homme d'esprit... Madame de Q... était elle-même une femme d'esprit; elle brûlait d'impatience de me voir et de m'entendre parler... Je ne fus pas plutôt assis, que je m'aperçus que la moindre de ses inquiétudes était de savoir que j'eusse de l'esprit ou non... Il me sembla qu'on ne m'avait laissé entrer que pour que je susse qu'elle en avait... Je prends le ciel à témoin que je ne desserrai pas une fois les lèvres.

Madame de Q.... assurait à tout le monde qu'elle n'avait jamais eu avec qui que ce soit une conversation plus instructive que celle qu'elle avait eue avec moi.

Il y a trois époques dans l'empire d'une
dame d'un certain ton en France... Elle
est coquette, puis déiste... et enfin dévote.
L'empire subsiste toujours, il ne fait que
changer de sujets. Les esclaves de l'amour
se sont-ils envolés à l'apparition de sa
trente-cinquième année, ceux de l'incré-
dulité leur succèdent, viennent ensuite
ceux de l'Eglise.

Madame de V...., chancelait entre les
deux époques; ses roses commençaient à
se faner, et il y avait cinq ans au moins,
quand je lui rendis ma première visite,
qu'elle devait pencher vers le déisme.

Elle me fit placer sur le sofa où elle
était, afin de parler plus commodément et
de plus près sur la religion; nous n'avions
pas causé quatre minutes, qu'elle me dit:
pour moi, je ne crois à rien du tout.

Il se peut, madame, que ce soit votre
principe; mais je suis sûr qu'il n'est pas
de votre intérêt de détruire des ouvrages.

extérieurs aussi puissans. Une citadelle ne résiste guère quand elle en est privée. ....
Rien n'est si dangereux pour une beauté que d'être déiste... et je dois cette dette à mon *credo*, de ne pas vous le cacher. Hé ! bon Dieu, madame, quels ne sont pas vos périls ! il n'y a que quatre ou cinq minutes que je suis auprès de vous... et j'ai déjà formé des desseins : qui sait si je n'aurais pas tenté de les suivre, si je n'avais été persuadé que les sentimens de votre religion seraient un obstacle à leur succès.

Nous ne sommes pas des diamans ; lui dis-je en lui prenant la main ; il nous faut des contraintes jusqu'à ce que l'âge s'appesantisse sur nous et nous le donne. ....
Mais, ma belle dame, ajoutai-je en lui baisant la main que je tenais... il est encore trop tôt ; le temps n'est pas encore venu.

Je peux le dire... Je passai dans tout Paris pour avoir converti madame de V...
Elle rencontra D..,. et l'abbé M..., et leur

assura que je lui en avais plus dit en quatre
minutes en faveur de la religion révélée,
qu'ils n'en avaient écrit contre elle dans
toute leur Encyclopédie... Je fus enregis-
tré sur-le-champ dans la coterie de madame de V... qui différa de deux ans l'é-
poque déjà commencée de so. déisme.

Je me souviens que j'étais chez elle un
jour ; je tâchais de démontrer au cercle
qui s'y était formé, la nécessité d'une première cause... J'étais dans le fort de mes
preuves, et tout le monde y était attentif,
lorsque le jeune comte de F.... me prit
mystérieusement par la main... Il m'attira
dans le coin le plus reculé du salon, et me
dit tout bas: vous n'y avez pas pris garde...
votre solitaire est attaché trop serré.... il
faut qu'il badine..... voyez le mien.... Je
ne vous en dis pas davantage : un mot,
M. Yorick, suffit au sage.

Et un mot qui vient du sage suffit, M. le
comte, répliquai-je en le saluant.

M. le comte m'embrassa avec plus d'ar-
deur que je ne l'avais jamais été.

Je fus ainsi de l'opinion de tout le monde pendant trois semaines. Parbleu! disait-on, ce M. Yorick a, ma foi, autant d'esprit que nous.... Il raisonne à merveille, disait un autre. On ne peut être de meilleure compagnie, ajoutait un troisième. J'aurais pu, à ce prix, manger dans toutes les maisons de Paris, et passer ainsi ma vie au milieu du beau monde... Mais quel métier! j'en rougissais. C'était jouer le rôle de l'esclave le plus vil; tout sentiment d'honneur se révoltait contre ce genre de vie... Plus les sociétés dans lesquelles je me trouvais étaient élevées, et plus je me trouvais forcé de faire usage du secret que j'avais appris dans le cul-de-sac de l'Opéra-Comique... Plus la coterie avait de réputation, et plus elle était fréquentée par les enfans de l'art... et je languissais après les enfans de la nature. Une nuit que je m'étais vilement prostitué à une demi-douzaine de personnes du plus haut parage, je me trouvai incommodé... J'allai me coucher. Je dis le lendemain matin à La Fleur d'aller chercher des chevaux de poste, et je partis pour l'Italie.

MARIE.

Jamais, jusqu'à présent, je n'ai senti l'embarras des richesses. Voyager à travers le Bourbonnais, le pays le plus riant de la France, dans les beaux jours de la vendange, dans ce moment où la nature reconnaissante verse ses trésors avec profusion, et où tous les yeux sont rayonnans de joie. Ne pas faire un pas sans entendre la musique appeler à l'ouvrage les heureux enfans du travail, qui portent en folâtrant leurs grappes au pressoir. Rencontrer à chaque instant des groupes qui présentent mille variétés aimables. Se sentir l'âme dilatée par les émotions les plus délicieuses. Juste ciel! voilà de quoi faire vingt volumes!

Mais hélas! il ne me reste plus que quelques pages à remplir, et je dois en consacrer la moitié à la pauvre *Marie*, que mon ami M. Shandy rencontra près de Moulins.

J'avais lu avec attendrissement l'histoire qu'il nous a donnée de cette fille infortunée, à qui le malheur avait fait perdre la raison. Me trouvant dans les environs du pays qu'elle habitait, elle me revint tellement à l'esprit, que je ne pus résister à la tentation de me détourner d'une demi-lieue, pour aller au village où demeuraient ses parens, demander de ses nouvelles.

C'était aller, je l'avoue, comme le chevalier *de la Triste-Figure*, à la recherche des aventures fâcheuses. Mais je ne sais comment cela se fait, je ne suis jamais plus convaincu qu'il existe dans moi une âme, que quand j'en rencontre.

La vieille mère vint à la porte. Ses yeux m'avaient conté toute l'histoire avant qu'elle eût ouvert la bouche. Elle avait perdu son mari, enterré depuis un mois.

Le malheur arrivé à sa fille avait coûté la
vie à ce bon père, et j'avais craint d'abord,
ajouta la bonne femme, que ce coup
n'achevât de déranger la tête de ma
pauvre Marie ; mais, au contraire, elle
lui est un peu revenue depuis. Cependant il lui est impossible de rester en
repos ; et, dans ce moment, elle est à
errer quelque part dans les environs de
la route.

Pourquoi mon pouls bat-il si faible-
ment, que je le sens à peine, pendant
que je trace ces lignes ? Pourquoi La
Fleur, garçon qui ne respire que la joie ;
passa-t-il deux fois la main sur ses yeux
pour les essuyer ? Pendant que la vieille
nous faisait ce récit, j'ordonnai au postillon de reprendre la grande route.

Arrivé à une demi-lieue de Moulins, et
à l'entrée d'un petit sentier qui conduisait à un petit bois, j'aperçus la pauvre
Marie assise sous un peuplier ; elle avait
le coude appuyé sur ses genoux et la tête

penchée sur sa main : un petit ruisseau
coulait au pied de l'arbre.

Je dis au postillon de s'en aller avec la
chaise à Moulins, et à La Fleur de faire
préparer le souper ; que j'allais le suivre.

Elle était habillée de blanc, et à peu
près comme mon ami me l'avait dépeinte,
excepté que ses cheveux, qui étaient re-
tenus par un réseau de soie quand il la
vit, étaient alors épars et flottans. Elle
avait aussi ajouté à son corset un ruban
d'un vert pâle, qui passait pardessus son
épaule et descendait jusqu'à sa ceinture,
et son chalumeau y était suspendu. Sa
chèvre lui avait été infidèle comme son
amant ; elle l'avait remplacée par un petit
chien qu'elle tenait en laisse avec une petite
corde attachée à son bras. Je regardai son
chien ; elle le tira vers elle, en disant :
« toi, Sylvio, tu ne me quitteras pas. »
Je fixai les yeux de Marie, et je vis qu'elle
pensait à son père, plus qu'à son amant,
ou à sa petite chèvre ; car, en proférant

ces paroles, des larmes coulaient le long
de ses joues.

Je m'assis à côté d'elle, et Marie me
laissa essuyer ses pleurs avec mon mouchoir; j'essuyais ensuite les miens; puis
encore les siens; puis encore les miens,
et j'éprouvais des émotions qu'il me serait
impossible de décrire, et qui, j'en suis bien
sûr, ne provenaient d'aucune combinaison
de la matière et du mouvement.

Oh! je suis certain que j'ai une âme.
Les matérialistes et tous les livres dont
ils ont infecté le monde, ne me convain-
cront jamais du contraire.

SUITE DE L'HISTOIRE DE MARIE.

Quand Marie fut un peu revenue à elle,
je lui demandai si elle se souvenait d'un
homme pâle et maigre qui s'était assis entre elle et sa chèvre, il y avait deux ans.
Elle me répondit que dans ce temps-là
elle avait l'esprit dérangé; mais qu'elle se

le rappelait très-bien, à cause de deux circonstances qui l'avaient frappée ; l'une, que, quoiqu'elle fût très-mal, elle s'était bien aperçue que ce monsieur avait pitié de son état ; l'autre, parce que sa chèvre lui avait pris son mouchoir, et qu'elle l'avait battue pour cela. Elle l'avait lavé dans le ruisseau, et depuis elle le gardait dans sa poche pour le lui rendre, si jamais elle le revoyait. Il me l'avait à moitié promis ; ajouta-t-elle. En parlant ainsi, elle tira le mouchoir de sa poche pour me le montrer ; il était enveloppé proprement dans deux feuilles de vigne et lié avec des brins d'osier : elle le déploya, et je vis qu'il était marqué d'un S à l'un des coins.

Elle me raconta qu'elle avait été depuis ce temps-là à Rome, qu'elle avait fait une fois le tour de l'église de Saint-Pierre... qu'elle avait trouvé son chemin toute seule au travers de l'Apennin ; qu'elle avait traversé toute la Lombardie sans argent... et les chemins pierreux de la Savoie, sans souliers. Elle ne se souvenait point de la manière dont elle avait été nourrie, ni comment elle avait pu supporter tant de fatigue; mais Dieu, dit-elle, tempère le vent en faveur de l'agneau nouvellement tondu.

Et tondu au vif, lui dis-je... Ah! si tu étais dans mon pays, où j'ai un petit hameau, je t'y mènerais, je te mettrais à l'abri des accidens... Tu mangerais de mon pain, tu boirais dans ma coupe, j'aurais soin de Silvio... Quand, tes accès te reprenant, tu te remettrais à errer, je te chercherais et te ramènerais... Je dirais mes prières quand le soleil se coucherait... et, mes prières faites, tu jouerais ton chant du soir sur ton chalumeau... L'encens de mon sacrifice serait plus agréable au ciel, quand il serait accompagné de celui d'un cœur brisé par la douleur.

Je sentais la nature fondre en moi, en disant tout cela; Marie, voyant que je prenais mon mouchoir, déjà trop mouillé pour m'en servir, voulut le laver dans le ruisseau... mais où le ferais-tu sécher, ma chère enfant? Dans mon sein, dit-elle: cela me fera du bien.

Est-ce que ton cœur ressent encore des feux, ma chère Marie?

Je touchais là une corde sur laquelle étaient tendus tous ses maux. Elle me fixa quelques momens avec des yeux en désordre, puis, sans rien dire, elle prit son chalumeau, et joua une hymne à la Vierge.... La vibration de la corde que j'avais touchée, cessa..... Marie revint à elle, laissa tomber son chalumeau, et se leva.

Où vas-tu, ma chère Marie? lui dis-je. Elle me dit qu'elle allait à Moulins. Hé bien ! allons ensemble. Elle me prit le bras, et allongea la corde pour laisser à son chien la facilité de nous suivre avec plus de liberté. Nous arrivâmes ainsi à Moulins.

Quoique je n'aime point les salutations en public, cependant, lorsque nous fûmes au milieu de la place, je m'arrêtai pour faire mon dernier adieu à Marie.

Marie n'était pas grande, mais elle était bien faite. L'affliction avait donné à sa physionomie quelque chose de céleste. Elle avait les traits délicats, et tout ce que le cœur peut désirer dans une femme.... Ah! si elle pouvait recouvrer son bon sens, et si les traits d'Éliza pouvaient s'effacer de mon esprit, non-seulement Marie mangerait de mon pain et boirait dans ma coupe.... Je ferais plus, elle serait reçue dans mon sein, elle serait ma fille.

Adieu, fille infortunée; imbibe l'huile et le vin que la compassion d'un étranger verse en passant sur tes blessures.... L'être qui deux fois a brisé ton cœur, peut seul le guérir pour toujours.

LE BOURBONNAIS.

CES émotions si douces, ces rians tableaux que je m'étais promis en traversant cette belle partie de la France, pendant le temps des vendanges, s'étaient entièrement évanouis. Il ne m'en restait plus rien.... Mon cœur s'était fermé au sentiment du bonheur, depuis que j'avais posé le pied sur une terre d'affliction. Au milieu de toutes ces scènes d'une joie bruyante que je rencontrais à chaque instant, je voyais toujours Marie, dans le fond du tableau, assise et rêveuse sous son peuplier : j'étais déjà aux portes de Lyon, je la voyais encore.

Charmante sensibilité ! source inépuisable de tout ce qu'il y a de précieux dans nos plaisirs et de doux dans nos afflictions ! tu enchaînes ton martyr sur son lit de paille, ou tu l'élèves jusqu'au ciel. Source éternelle de nos sensations ! c'est ta divinité qui me donne ces émotions....

Non que, dans certains momens funestes et maladifs, *mon âme s'abatte et s'effraie de la destruction*.... Ce ne sont que des paroles pompeuses.... Mais parce que je sens en moi que cette destruction doit être suivie des plaisirs et des soins les plus doux. Tout vient de toi, grand Émanateur de ce monde! C'est toi qui amollis nos cœurs et nous rends compatissans aux maux d'autrui : c'est par toi que mon ami Eugène tire les rideaux de mon lit quand je suis languissant, qu'il écoute mes plaintes, et cherche à me consoler. Tu fais passer quelquefois cette douce compassion dans l'âme du pâtre grossier qui habite les montagnes les plus âpres : il s'attendrit quand il trouve égorgé un agneau du troupeau de son voisin.... Je le vois dans ce moment, sa tête appuyée contre sa houlette, le contempler avec pitié.... Ah! si j'étais arrivé un moment plus tôt, s'écrie-t-il.... Le pauvre agneau perd tout son sang, il meurt, et le tendre cœur du berger en saigne.

Que la paix soit avec toi, généreux
berger ! Tu t'en vas tout affligé...... mais
le plaisir balancera ta douleur, car le bonheur entoure ton hameau.... heureuse est
celle qui le partage avec toi ! heureux
sont les agneaux qui bondissent autour de
toi !

LE SOUPER.

Un fer se détacha d'un pied de devant
du cheval de brancard, en commençant
la montée du mont Tarare : le postillon
descendit et le mit dans sa poche. Comme
la montée pouvait avoir cinq ou six milles
de longueur, et que ce cheval était notre
unique ressource, j'insistai pour que nous
rattachassions le fer aussi bien qu'il nous
serait possible ; mais le postillon avait jeté
les clous, et, sans eux, le marteau qui
était dans la chaise ne pouvant pas nous
servir, je consentis à continuer notre
route.

A peine avions-nous fait cinq cents pas,

que, dans un chemin pierreux, cette
pauvre bête perdit aussi le fer de l'autre
pied de devant. Je descendis alors tout
de bon de la chaise, et, apercevant une
maison à quelques portées de fusil, à
gauche du chemin, j'obtins du postillon
qu'il m'y suivrait. L'air de la maison et
de tout ce qui l'entourait ne me fit point
regretter mon désastre. C'était une jolie
ferme entourée d'un beau clos de vigne
et de quelques arpens de blé. Il y avait
d'un côté un potager rempli de tout ce
qui pouvait entretenir l'abondance dans
la maison d'un paysan, et de l'autre un
petit bois qui pouvait servir d'ornement
et fournir le chauffage.... Il était à-peu-
près huit heures du soir lorsque j'y arri-
vai.... Je laissai au postillon le soin de
s'arranger, et j'entrai tout droit dans la
maison.

La famille était composée d'un vieillard
à cheveux blancs, de sa femme, de leurs
fils, de leurs gendres, de leurs femmes et
de leurs enfans.

Ils allaient se mettre à table pour manger leur soupe aux lentilles. Un gros pain de froment occupait le milieu de la table, et une bouteille de vin à chaque bout, promettait de la joie pendant le repas : c'était un festin d'amour et d'amitié.

Le vieillard se lève aussitôt pour venir à ma rencontre, et m'invite, avec une cordialité respectueuse, à me mettre à table. Mon cœur s'y était mis dès le moment que j'étais entré. Je m'assis tout de suite comme un des enfans de la famille ; et, pour en prendre plus tôt le caractère, j'empruntai, à l'instant même, le couteau du vieillard, et je coupai un gros morceau de pain. Tous les yeux, en me voyant faire, semblaient me dire que j'étais le bien venu, et qu'on me remerciait de ce que je n'avais pas paru en douter.

Etait-ce cela, ou, dis-le moi, Nature, était-ce autre chose qui me faisait paraître ce morceau si friand ? A quelle magie étais-je redevable des délices que je goûtais en buvant un verre de vin de cette bouteille, et qui semble encore m'affecter le palais ?

Le souper était de mon goût; les actions de grâces qui le suivirent en furent encore plus.

ACTIONS DE GRACES.

Le souper fini, le vieillard donne un coup sur la table avec le manche de son couteau. C'était le signal de se lever de table et de se préparer à danser. Dans l'instant, les femmes et les filles courent dans une chambre à côté pour arranger leurs cheveux, et les hommes et les garçons vont à la porte pour se laver le visage, et quitter leurs sabots pour prendre des souliers. En trois minutes, toute la troupe est prête à commencer le bal sur une petite esplanade de gazon qui était devant la cour. Le vieillard et sa femme sortent les derniers. Je les accompagne, et me place entre eux sur un petit sofa de verdure près de la porte.

Le vieillard, dans sa jeunesse, avait su jouer assez-bien de la vielle, et il en jouait encore passablement. La femme l'accompagnait de la voix ; et les enfans et les petits enfans dansaient...... Je dansais moi-même, quoique assis....

Au milieu de la seconde danse, à quelques pauses dans les momens où ils semblaient tous lever les yeux, je crus entrevoir que cette élévation était l'effet d'une autre cause que celle de la simple joie.... Il me sembla, en un mot, que la religion était mêlée pour quelque chose dans la danse.... Mais, comme je ne l'avais jamais vu s'engager dans ce plaisir, je commençais à croire que c'était l'illusion d'une imagination qui me trompe continuellement, si, la danse finie, le vieillard ne m'eût dit : Monsieur, c'est-là ma coutume ; pendant toute ma vie, j'ai toujours eu pour règle, après souper, de faire sortir ma famille pour danser et se réjouir, bien sûr que le contentement et la gaîté de l'esprit sont les meilleures actions de grâces qu'un homme comme moi, qui n'est point instruit, peut rendre au ciel.

Ce seraient peut-être même aussi les meilleures des plus savans prélats, lui dis-je.

LE CAS DE DÉLICATESSE.

QUAND on est arrivé au sommet de la montagne de Tarare, on est bientôt à Lyon. Adieu alors à tous les mouvemens rapides! Il faut voyager avec précaution; mais il convient mieux aux sentimens de ne pas aller si vite. Je fis marché avec un voiturier pour me conduire dans ma chaise aussi lentement qu'il voudrait à Turin par la Savoie.

Les Savoyards sont pauvres, mais patiens, tranquilles, et doués d'une grande probité. Chers villageois, ne craignez

rien ! le monde ne vous enviera pas votre
pauvreté, trésor de vos simples vertus.
Nature ! parmi tous tes désordres, tu agis
encore avec bonté lorsque tu agis avec
parcimonie. Au milieu des grands ouvrages qui t'environnent, tu n'as laissé que
peu ici pour la faux et la faucille ! mais
ce peu est en sûreté ; il est protégé par toi.
Heureuses les demeures qui sont ainsi mises à l'abri de la cupidité et de l'envie !

Laissez d'ailleurs le voyageur fatigué se
plaindre des détours et des dangers de
vos routes, de vos rochers, de vos préci-
pices, des difficultés de les gravir, des
horreurs que l'on éprouve à les descendre,
des montagnes impraticables et des ca-
taractes qui roulent avec elles de grandes
pierres qu'elles ont détachées de leur sommet, et qui barrent le chemin. Les habi-
tans d'un village voisin avaient travaillé à
mettre de côté un fragment de ce genre
entre Saint-Michel et Madane ; et, avant
que mon conducteur pût arriver à ce dernier endroit, il fallait plus de deux heures

d'ouvrage pour en ouvrir le passage.... Il n'y avait point d'autre remède que d'attendre avec patience. La nuit était pluvieuse et orageuse. Cette raison et le délai causé par les mauvais chemins, obligèrent le voiturier d'arrêter à cinq milles de ses relais, dans une petite auberge près de la route.

Je pris aussitôt possession de ma chambre à coucher.... L'air était devenu très-froid : je fis faire bon feu, et je donnai des ordres pour le souper.... Je remerciais le ciel de ce que les choses n'étaient pas pires, lorsqu'une voiture, dans laquelle était une dame avec sa femme de chambre, arriva dans l'auberge.

Il n'y avait pas d'autre chambre à coucher dans la maison que la mienne ; l'hôtesse les y amena sans façon, en leur disant qu'il n'y avait personne qu'un gentilhomme Anglais..... qu'il y avait deux bons lits, et un cabinet à côté qui en contenait un troisième.... La manière dont elle parlait de ce troisième lit, n'en fit pas beaucoup l'éloge. Toutefois, dit-elle, il y a trois lits, et il n'y a que trois personnes; elle osait avancer que le monsieur ferait de son mieux pour arranger les choses. Je ne voulus pas laisser la dame un moment en suspens; je lui déclarai d'abord que je ferais tout ce qui serait en mon pouvoir.

Mais cela ne voulait pas dire que je la rendrais la maîtresse absolue de ma chambre. Je m'en crus tellement le propriétaire, que je pris le droit d'en faire les honneurs. Je priai donc la dame de s'asseoir; je la plaçai dans le coin le plus chaud, je demandai du bois; je dis à l'hôtesse d'augmenter le souper, et de ne point oublier que je lui avais recommandé de donner le meilleur vin.

La dame ne fut pas cinq minutes auprès du feu, qu'elle jeta les yeux sur les lits. Plus elle les regardait, et plus son inquiétude semblait augmenter. J'en étais mortifié et pour elle et pour moi; ses

regards et le cas en lui-même m'embar-
rassèrent autant qu'il était possible que
la dame le fût elle-même.

C'en était assez pour causer cet embarras, que les lits fussent dans la même
chambre. Mais ce qui nous troublait le
plus, c'était leur position. Ils étaient
parallèlles et si proche l'un de l'autre,
qu'il n'y avait de place entre les deux que
pour mettre une chaise.... Ils n'étaient
guère éloignés du feu. Le manteau de la
cheminée d'un côté, qui avançait fort
avant dans la chambre, et une grosse
poutre de l'autre, formaient une espèce
d'alcove qui n'était point du tout favorable à la délicatesse de nos sensations....
Si quelque chose pouvait ajouter à notre
perplexité, c'était que les deux lits étaient
si étroits, qu'il n'y avait pas moyen de
songer à faire coucher la femme de chambre avec sa maîtresse. Si cela avait été
faisable, l'idée qu'il fallait que je cou-
chasse auprès d'elle, aurait glissé plus ai-
sément sur l'imagination.

Le cabinet nous offrit peu ou point de consolation ; il était humide, froid ; la fenêtre en était à moitié brisée ; il n'y avait point de vitres... le vent soufflait, et il était si violent, qu'il me fit tousser quand j'y entrai avec la dame pour le visiter. L'alternative où nous nous trouvâmes réduits, était donc fort embarrassante. La dame sacrifierait-elle sa santé à sa délicatesse, en occupant le cabinet et en abandonnant le lit à sa femme de chambre, ou cette fille prendrait-elle le cabinet, etc., etc. ?

La dame était une jeune Piémontaise d'environ trente ans, dont le teint l'aurait disputé à l'éclat des roses. La femme de chambre était Lyonnaise, vive, leste, et n'avait pas plus de vingt ans. De toute manière il y avait des difficultés... L'obstacle de la grosse pierre de roche qui barrait notre chemin, et qui fut cause de notre détresse, quelque grand qu'il parût, n'était qu'une bagatelle, en comparaison de ce qui nous embarrassait en ce moment ; ajoutez à cela que le poids qui

accablait nos esprits, n'était pas allégé
par la délicatesse que nous avions de ne
pas nous communiquer l'un à l'autre ce
que nous sentions dans cette occasion.

Le souper vint, et nous nous mîmes à
table. Je crois que si nous n'eussions pas
eu de meilleur vin que celui qu'on nous
donna, nos langues auraient été liées jusqu'à ce que la nécessité nous eût forcés
de leur donner de la liberté... Mais la
dame avait heureusement quelques bouteilles de bon vin de Bourgogne dans sa
voiture, et elle envoya sa femme de
chambre en chercher deux. Le souper
fini, et restés seuls, nous nous sentîmes
inspirés d'une force d'esprit suffisante
pour parler au moins sans réserve de notre situation; nous la retournâmes dans
tous les sens ; nous l'examinâmes sous
tous les points de vue. Enfin, après deux
heures de négociations et de débats, nous
convînmes de nos articles, que nous sti-
pulâmes en forme d'un traité de paix ; et
il y eut, je crois, des deux côtés, autant

de religion et de bonne foi que dans aucun traité qui jamais eût l'honneur de
passer à la postérité.

En voici les articles :

ART. Ier. Comme le droit de la chambre à coucher appartient à monsieur; et
qu'il croit que le lit qui est plus proche
du feu est le plus chaud, il le cède à
madame.

Accordé de la part de madame, pourvu que les rideaux des deux lits, qui sont
d'une toile de coton presque transparente,
et trop étroits pour bien fermer, soient
attachés à l'ouverture avec des épingles, ou même entièrement cousus avec
une aiguille et du fil, afin qu'ils soient censés former une barrière suffisante du côté
de monsieur.

II. Il est demandé de la part de madame, que monsieur soit enveloppé toute
la nuit dans sa robe de chambre.

Refusé, parce que monsieur n'a pas de robe de chambre, et qu'il n'a, dans son porte-manteau, que six chemises et une culotte de soie noire.

La mention de la culotte de soie noire fit un changement total dans cet article... On regarda la culotte comme un équivalent de la robe de chambre. Il fut donc convenu que j'aurais toute la nuit ma culotte de soie noire.

III. Il est stipulé et on insiste, de la part de madame, que, dès que monsieur sera au lit, et que le feu et la chandelle seront éteints, monsieur ne dira pas un seul mot pendant toute la nuit.

Accordé, à condition que les prières que monsieur fera, ne seront pas regardées comme une infraction au traité.

Il n'y eut qu'un point d'oublié. C'était la manière dont la dame et moi nous nous déshabillerions, et nous nous mettrions au lit. Il n'y avait qu'une manière de le faire, et le Lecteur peut la deviner... Je proteste que, si elle ne lui paraît pas la plus délicate et la plus décente qu'il y ait dans la nature, c'est la faute de son imagination... Ce ne serait pas la première plainte que j'aurais à faire à cet égard.

Enfin, nous nous couchâmes. Je ne sais si c'est la nouveauté de la situation ou quelque autre chose qui m'empêcha de dormir ; mais je ne pus fermer les yeux... Je me tournais tantôt d'un côté , tantôt de l'autre.... Et cela dura jusqu'à deux heures du matin, qu'impatienté de tant de mouvemens inutiles, il m'échappa de m'écrier : Oh mon Dieu !

Vous avez rompu le traité , monsieur, dit avec précipitation la dame, qui n'avait pas plus dormi que moi... Je lui fis mille excuses, mais je soutenais que ce n'était qu'une exclamation... Elle voulut que ce fût une infraction entière du traité... Et moi je prétendais qu'on avait prévu le cas par le troisième article.

2.   5

La dame ne voulut pas céder, et la dispute affaiblit un peu sa barrière. J'entendis tomber par terre deux ou trois épingles des rideaux.

Sur mon honneur, madame, ce n'est pas moi qui les ai détachées, lui dis-je en étendant mon bras hors du lit, comme pour affirmer ce que je disais...

J'allais ajouter que, pour tout l'or du monde, je n'aurais pas voulu violer l'idée de décence que je....

Mais la femme de chambre qui nous avait entendus, et qui craignait les hostilités, était sortie doucement de son cabinet, et, à la faveur de l'obscurité, s'était glissée dans le passage qui était entre le lit de sa maîtresse et le mien.

De manière qu'en étendant le bras, je saisis la femme de chambre.

SUITE ET CONCLUSION

DU

VOYAGE SENTIMENTAL.

PRÉFACE.

LA suite du Voyage Sentimental n'est pas présentée comme une production de la plume de Sterne. La manière brusque dont se termine ce Voyage semblait exiger une suite ; et il est certain que si l'auteur eût vécu plus longtemps, il eût terminé cet ouvrage. Les matériaux étaient prêts. L'intimité qui subsistait entre Sterne et l'éditeur, l'a mis à portée d'entendre souvent son ami raconter les incidens les plus remarquables de la dernière partie de son dernier Voyage : et ses récits ont fait tant d'impression sur son

esprit, qu'il croit avoir retenu
ces particularités assez bien pour
pouvoir les publier. Il s'est attaché à imiter le style et la manière de son ami. Mais y est-il
parvenu ? c'est au Lecteur à en
juger. Quoi qu'il en soit, l'ouvrage peut aujourd'hui passer
pour complet ; et ceux qui ont
lu le Voyage Sentimental d'Yorick, et dont la curiosité était
restée en suspens, n'ont plus
rien à désirer pour ce qui con-
cerne les faits, les événemens, et
les observations.

SUITE DU CAS DE DÉLICATESSE.

« JE pris à la femme de chambre... quoi ? la main. Non, non : subterfuge grossier, M. Yorick. Trop grossier, en vérité. Voilà ce que diront un critique, un casuiste et un prêtre. Eh bien , je parie ma culotte de soie noire (c'était la première fois que je la mettais) contre une douzaine de bouteilles de vin de Bourgogne, pareil à celui que nous bûmes hier au soir (car je voulais parier avec la dame), que ces messieurs ont tort. Cela n'est guère possible, répondent mes clair - voyans censeurs ; la conséquence est trop visible pour qu'on s'y méprenne.

La femme de chambre était, j'en conviens, aussi vive que peut être une Française , et une Française de vingt ans. Cependant, si l'on examine la circonstance, si l'on fait attention que cette fille avait le visage tourné du côté de sa maîtresse, afin de couvrir la brèche occasionnée par la chute des épingles, je crois que les géo-mêtres les plus habiles auraient bien de la peine à démontrer la ligne que mon bras a dû décrire pour prendre à la femme de chambre....

Vous le voulez pourtant, je vous l'ac-corde; mais était-ce ma faute? Savais-je dans quel état se trouvait cette fille? Où vais-je m'imaginer qu'elle viendrait sans être habillée? Hélas! une chemise pour tout vêtement, c'est une armure bien lé-gère pour une affaire qui pouvait être aussi chaude.

Il est vrai que si elle eût été d'un ca-ractère aussi taciturne que la femme de chambre parisienne, que je rencontrai avec ses *égaremens du cœur*, tout allait pour le mieux. Mais cette Lyonnaise ba-varde n'eût pas plutôt senti ma main, qu'elle se mit à crier, comme si l'on eût voulu la tuer. En effet, quand elle m'au-

rait vu armé d'un poignard, quand c'eût
été à sa vie, et non à sa vertu que j'en
aurais voulu, elle n'aurait pas poussé des
cris plus perçans. *Ah ! milord ! ah ! madame ! monsieur l'anglais, il y est ! il
y est !*

L'hôtesse et les deux voituriers accou-
rurent. Pouvaient-ils, en conscience, rester tranquilles dans leurs lits, pendant
qu'on s'égorgeait ? car ils le croyaient
ainsi. La pauvre hôtesse était toute tremblante ; elle invoquait Saint-Ignace, et
les signes de croix se succédaient avec une
rapidité incroyable. Les voiturins, dans
cette bagarre, avaient oublié leurs culottes, et n'étaient pas dans un état plus
décent que moi ; car j'avais sauté à bas de
mon lit, et j'étais debout auprès de la
dame, lorsqu'ils entrèrent dans notre
chambre.

Quand on fut revenu de la première
surprise. On demanda à la jeune fille ce
qui l'avait fait crier ; si des voleurs avaient

enfoncé sa porte. Point de réponse. Mais elle eut la présence d'esprit de s'enfuir précipitamment dans son cabinet.

Comme il n'y avait qu'elle qui pût donner des éclaircissemens, et qu'elle s'y refusait, j'allais échapper aux soupçons ; mais malheureusement en me tournant et retournant dans mon lit, sans pouvoir me rendormir, j'avais fait sauter un bouton très-essentiel de ma culotte de soie noire, et l'autre s'était échappé de la boutonnière. Ainsi, il était clair que j'avais violé l'article de notre capitulation relatif à la culotte.

Je vis les yeux de la dame piémontaise se porter sur l'objet ; et, comme les miens suivaient leur direction, je reconnus que, quoique j'eusse ma culotte, l'état dans lequel je me trouvais devait faire rougir la pudeur, plus que ne pouvait le faire la nudité des deux voiturins, ou la chemise déchirée de notre hôtesse, ou même les charmes en désordre de la dame. J'étais,

Eugène, debout tout près d'elle, quand
elle m'aperçut.... Cette découverte lui fit
faire un retour sur elle-même. Elle se
renfonça bien vite dans son lit, s'enve-
loppa dans ses couvertures, et ordonna
qu'on apportât promptement le déjeûner.

A ce signal, tous les curieux se reti-
rèrent, et nous pûmes dès-lors entrer en
conférence réglée, et discuter librement
les articles de notre traité.

LA NÉGOCIATION.

Comme les épingles, avec lesquelles on
se croyait bien en sûreté, n'avaient pas
produit l'effet qu'on s'en était promis, la
dame piémontaise, en négociateur habile, se tint armée sur tous les points;
avant de renouer les conférences. Elle
comptait autant sur les artifices de sa co-
quetterie que sur la souplesse de son génie.
Les femmes ont une rhétorique surna-
turelle, à laquelle il est impossible de

résister. Mais voici le café au lait ; à peine ai-je le temps de faire mes dispositions.

La dame. « Je ne suis pas surprise, monsieur, que la mésintelligence règne si souvent entre la France et l'Angleterre. Votre nation compte pour rien l'infraction des traités, même sans provocation. »

Yorick. « Pardon, madame : mais daignez réfléchir un instant. Il avait été stipulé par le troisième article que monsieur pourrait faire ses prières ; et, jusqu'à ce moment, je n'avais fait qu'une oraison jaculatoire ; cependant votre femme de chambre, par ses cris extraordinaires et même incompréhensibles, m'avait jeté dans des convulsions si violentes, que je puis vous assurer que je n'étais point du tout à mon aise. »

La dame. « Pardon vous-même, monsieur ; mais vous avez enfreint tous les articles, excepté le premier ; et encore la barrière dont on était convenu a-t-elle été renversée. »

Yorick. « Madame voudra bien observer que c'est elle-même qui l'a renversée, dans le feu de la discussion sur le troisième article. »

La dame. « Mais, monsieur, la culotte ? »

Yorick. « C'est me toucher au vif : je l'avoue, madame, j'ai dû vous paraître coupable ; mais soyez sûre que la volonté n'y était pour rien. L'infraction que vous me reprochez a été le résultat d'un pur accident. »

La dame. « Mais est-ce aussi par accident que vous avez porté deux mains criminelles sur ma femme de chambre ? »

Yorick. « Deux mains criminelles, madame ! je ne l'ai touchée que d'une main : et un jury de vierges ne verrait pas autre chose dans cette affaire qu'une sensation fortuite. »

Cette conférence se termina par un nouveau traité dans lequel tous les cas furent prévus, hôtelleries, lits, épingles aux rideaux, femmes de chambre nues, culottes malheureuses, boutons, etc., etc. Il se fût agi d'une nouvelle convention pour la démolition du port de Dunkerque, ou de celui de Mardik, qu'on n'aurait pas déployé une politique plus circonspecte. Rien ne fut laissé à la mauvaise foi ou au hasard.

VŒUX EN FAVEUR DES

PAUVRES.

Nature! sous quelque forme que tu te montres; sur les montagnes de la nouvelle Zemble, ou sur le sol brûlant des tropiques, tu es toujours aimable! toujours tu guideras mes pas! Avec ton secours, la vie confiée à cette faible et frêle ma-

chine sera toujours conforme à la raison et
à la justice. Ces douces émotions que tu
inspires par une sympathie organisée dans
toutes les parties, m'apprennent à sentir,
à prendre part au malheur des autres, à
compatir à leur misère; elle sont pour moi
la source d'une satisfaction, d'une félicité
ineffable. Comment donc les infortunes passagères du moment peuvent-elles
obscurcir ton front; ce front où la sérénité devait fixer son empire? Loin d'ici,
méchant *Spléen* aux yeux jaunes! empare-toi de l'hypocrite au cœur double, au regard louche; saisis ce misérable qui soupire, même en contemplant ses trésors,
et tremblant en pensant à la fragilité des
portes et des verroux; mais songe donc,
insensé, que la vie elle-même est plus
fragile encore; calcule les jours que tu as
encore à vivre; dix années peut-être; et
peut-être moins. Ne garde que ce qu'il te
faut pour ce trajet si court, et donne le
reste au véritable indigent.

Puisse ma prière être exaucée, et la

misère disparaîtra de dessus la terre !
chaque mois sera pour le pauvre un mois
de vendange.

AMITIÉ.

QUELQUE prêtre rigide s'imaginera peut-
être que c'était avant le déjeûner que je
faisais cette prière, et pour que ma négo-
ciation avec la belle Piémontaise eût un
heureux succès : cela peut être.

Ma vie a été un tissu d'accidens ourdis
par les mains de la fortune sur un patron
bizarre, mais sans être rebutant. Le fonds
en est léger et riant ; les fleurs en sont si
variées, que le plus habile des ouvriers
de l'imagination aurait bien de la peine à
l'imiter.

Une lettre de Paris, de Londres, de
vous, Eugène ! ô mon ami ! je serai avec
toi, à l'hôtel de Saxe, avant deux fois
vingt-quatre heures.

LE COMBAT.

AINSI, bel ange, je te rencontrerai à Bruxelles; mais ce ne sera qu'à mon retour d'Italie. Je traverserai l'Allemagne pour me rendre en Hollande, par la route de Flandre. Quel combat entre l'amour et l'amitié! ah! madame de L...! la porte de la remise a été fatale à la paix de mon cœur. La boîte de corne du bon moine vous replace à chaque instant sous mes yeux.

Si j'ai jamais désiré avoir un cœur de roche, insensible au plaisir comme à la peine, c'est aujourd'hui. Insensé! qu'ai-je dit? j'ai blasphémé contre la religion du sentiment. J'expierai mon crime. Comment? en faisant à l'amitié le sacrifice de mes affections les plus douces; dussai-je en mourir!

LA FAUSSE DÉLICATESSE.

Ma résolution une fois prise, je me mis à préparer les excuses que la politesse voulait que je fisse à la belle Piémontaise, pour un départ aussi brusque ; c'était une infraction au traité que nous avions fait ensemble, et qui me liait jusqu'à Turin. Il me fallait donc un manifeste apologétique. Si notre première convention avait essuyé quelques atteintes, les incidens et les accidens qui avaient occasionné cette apparence de violation pouvaient tenir lieu de justification. Mais ici c'était violer ouvertement un second traité, après une ratification solennelle et religieuse. Comment donc ose-t-on faire aux potentats de la terre un crime d'une reprise d'hostilités après un traité définitif, quand on voit cette foule d'événemens inattendus et imprévus qui peuvent rouvrir le temple de Janus. Pendant que je faisais ce beau soliloque, la dame entra dans ma

chambre, et me dit que les voituriers
étaient prêts ainsi que leurs mulets. Eugène, si la rougeur peut être un signe de
modestie naturelle ou de honte, et non
la marque du crime, je t'avouerai que
mon visage devint cramoisi, et que ma
langue me refusa le service. « Madame...
une lettre », je ne pus en dire davantage.
Elle vit ma confusion, mais elle ne fit pas
semblant de s'en apercevoir.

« Nous resterons, monsieur, jusqu'à ce
que vous ayez fini votre lettre. » Mon
trouble redoubla ; et ce ne fut qu'après
une pause de quelques minutes, qu'ap-
pelant à mon aide toutes les puissances de
la résolution et de l'amitié, je pus lui dire :
« Il faut que j'en sois moi-même le por-
teur. »

T'est-il jamais arrivé, dans un besoin
pressant, de t'adresser à un ami équivoque
pour lui demander de l'argent ? Que se
passait-il alors dans ton âme pendant que
tu examinais l'agitation de ses muscles,

que tu voyais la terreur ou la compassion
se peindre dans ses yeux , et que ton
homme faisant taire les tendres émotions
du cœur, et se tournant vers toi, avec un
sourire malin, te demandait : « Où sont
mes sûretés? » As-tu jamais brûlé pour
une beauté impérieuse, dans laquelle tu
avais concentré tes vœux , tes espérances
et ton bonheur? C'en est fait : la résolution en est prise. Tu lui découvres le secret de ton cœur : tu tiens, dans ce moment terrible, les yeux fixés sur les siens.
Malheureux! que vas-tu devenir? Son in-
dignation éclate , chacun de ses regards
est un trait qui te tue. Voilà précisément,
Eugène, ce qui m'arrive. Figure-toi la
belle Piémontaise recueillant tout son orgueil et toute sa vanité dans un même
foyer, le tout renforcé par le ressentiment
dont est animée une femme qui se croit
outragée.

    « C'est sans doute là, monsieur, de la
politesse anglaise; mais elle ne convient
pas à d'honnêtes gens. »

« Et ! madame ! au nom du destin , du hasard ou de la fatalité , ou de tout ce qu'il vous plaira, pourquoi les incidens , les bizarreries de ma vie attirent-ils à une nation entière un pareil reproche ? »

Ce n'est pas bien, belle Piémontaise ! mais, pars ! que le bonheur te suive et t'accompagne partout.

OPINIATRETÉ.

MAIS cette difficulté n'était pas la seule que j'eusse à surmonter en changeant le plan de mes opérations. Le voiturier avec lequel j'étais convenu qu'il me conduirait à Turin, ne voulait pas retourner à Saint-Michel avant d'avoir achevé son voyage, parce qu'il s'attendait à trouver un voyageur qui lui paierait son retour. Je lui représentai inutilement ce qu'il gagnerait pour une course aussi courte, et qu'il trouverait probablement à Saint-Michel quelque personne qui voudrait aller à

Turin. Non ; il était obstiné comme ses mules : on eût dit qu'il y avait entre eux une sympathie de caractère, qu'il faut peut-être attribuer à ce qu'ils vivaient et conversaient constamment ensemble. Toute ma rhétorique, tous mes raisonnemens ne firent pas plus d'impression sur cet homme, que les excommunications et les anathèmes lancés religieusement par le clergé de France contre les rats et les chenilles, n'en font sur ces animaux.

Voyant que je n'avais pas d'autre parti à prendre que de payer le retour, comme si nous avions été jusqu'à Turin, je finis par y consentir ; et, avec ma philantropie ordinaire, je commençai à imputer cette soif du gain , si universellement dominante, à quelque cause cachée dans notre structure, ou à quelques particules invisibles d'air que nous humons avec notre première aspiration en poussant, quand nous faisons notre entrée dans ce monde, un cri de mécontentement pour le voyage qu'on nous force à faire.

LE HASARD DE L'EXISTENCE.

« Le cri de mécontentement pour le voyage qu'on nous force à faire. » Cette idée me plaît ; je la crois neuve et très-bien adaptée à ma situation présente : Je remontai dans ma chaise, en adressant un sourire gracieux aux mules qui semblaient avoir communiqué toutes leurs mauvaises qualités à leur conducteur, et je roulai dans mon esprit quelques conclusions étranges et sans liaison que je tirais de cette pensée que je trouvais si heureuse.

Si donc, me disais-je, nous sommes forcés à ce voyage de la vie ; si nous sommes engagés dans cette route sans le savoir, et sans y avoir consenti ; si, sans un certain concours fortuit d'atomes, nous eussions pu être une pipe à fumer, ou une oie, ou un singe ; pourquoi sommes-nous responsables de nos passions, de nos folies et de nos caprices ? Si vous, ou moi,

Eugène, nous étions forcés par quelque
tyran à devenir des courtisans, avant d'a-
voir appris à danser, serions-nous punis-
sables pour avoir fait gauchement la révérence ? ou si, ayant appris à danser,
mais ignorant tout-à-fait l'étiquette de la
cour, on me faisait malgré moi maître des
cérémonies, faudrait-il m'empaler à cause
de mon ignorance ? Que d'Alexandres ou
de Césars ont été perdus pour le monde
par une maladresse dans l'acte important
de la conception ! Fais attention à cela,
Eugène, et ris de la prétendue importance
des plus grands monarques de la terre.

MARIE.

A mon arrivée à Moulins, je demandai
des nouvelles de cette infortunée, et j'appris qu'elle avait rendu le dernier soupir,
dix jours après celui où je l'avais vue. Je
m'informai de la place où elle avait été
enterrée, et je m'y transportai : mais pas
une pierre qui dise où elle repose. Néan-

moins, voyant un espace de terre qui
avait été fraîchement remuée, je n'eus
pas de peine à trouver sa tombe. J'y
payai le tribut dû à sa vertu, et je lui
accordai une larme.

Hélas! âme si douce, tu es partie! mais
c'est pour aller te ranger parmi ces anges
dont tu étais une image sur la terre. Ta
coupe d'infortunes était pleine, trop
pleine, et elle s'est répandue dans l'éter-
nité. La tourmente de la vie s'est conver-
tie pour toi en un calme plein de dou-
ceurs.

LE POINT D'HONNEUR.

APRÈS avoir rendu ces honneurs aux
mânes de Marie, je remontai dans ma
chaise, et me laissai aller au fil de mes
pensées sur le bonheur et le malheur de
l'espèce humaine : je fus tiré de ma rêve-
rie par un cliquetis d'épées. J'ordonnai au
postillon de s'arrêter, et mettant pied à
terre, j'allai vers l'endroit d'où le bruit

2.

7

partait. C'était un petit bois qui touchait
à la route. J'eus de la peine à y arriver
parce que le chemin qui y conduisait,
était tortueux et malaisé.

Le premier objet qui se présenta à ma
vue fut un beau jeune homme, qui me
parut expirant d'une blessure qu'il venait
de recevoir d'un autre homme qui n'était
guère plus âgé, et qui pleurait sur lui,
tenant dans sa main une épée encore fu-
mante. Je restai quelques instans immobile de frayeur. Revenu de ma surprise,
je demandai quelle avait été la cause de
ce combat sanglant; on ne me répondit
que par un nouveau torrent de larmes.

A la fin, essuyant les pleurs dont ses
joues étaient baignées, le malheureux me
dit en soupirant : « Mon honneur, monsieur, m'a forcé à une action que ma conscience condamnait : mais je n'ai pas
écouté la voix de ma conscience : en dé-
chirant le sein de mon ami, j'ai percé
mon propre cœur; et la blessure est pro-

fonde : je n'en guérirai jamais! » ses trans-
ports de douleurs recommencèrent.

Quel est donc ce fantôme, honneur!
qui plonge un fer homicide dans ce sein
où l'on voudrait verser du baume. Trai-
tre! perfide! tu marches tête levée sous
l'habit de la coutume, ou plutôt de la mode
ridicule qui, formée par le caprice, est
devenue une loi, un code de lois, inconnu
à nos ancêtres, inconnu aux peuples bar-
bares. Ce code sanguinaire était donc réservé pour ce siècle de luxe, de lumières
et de raffinement; pour le séjour des mu-
ses; pour la résidence des grâces.

LA RECONNAISSANCE.

FRAGMENT.

LA reconnaissance est un fruit qui ne
peut venir que sur l'arbre de la bienfaisance : avec une origine aussi noble, une
origine céleste, la reconnaissance est né-
cessairement une vertu parfaite.

Pour moi, dit *Multifarius Secundus*, je n'hésiterai pas à la placer à la tête de toutes les autres vertus; d'autant plus que le Tout-Puissant lui-même n'en exige pas d'autre de nous : elle est la source de toutes celles qui sont nécessaires pour le salut.

Les payens eux-mêmes faisaient un si grand cas de cette vertu, qu'ils avaient imaginé en son honneur trois divinités, sous le nom de *grâces*, qu'ils nommaient *Thalie*, *Aglaë* et *Euphrosine*. Ces trois déesses présidaient à la reconnaissance : on avait jugé qu'une seule ne suffisait pas pour honorer une vertu si rare. Il faut observer que les poëtes les ont représentées nues, pour faire comprendre que, lorsqu'il s'agit de bienfaisance et de reconnaisance, nous devons agir avec la plus grande sincérité, et sans le moindre déguisement. Elles étaient peintes en vestales, et dans la fleur de la jeunesse, pour faire sentir que les bons offices doivent toujours être récens dans notre mémoire, et que notre reconnaissance ne doit jamais s'affaiblir, ou plier sous le poids du temps, et que nous devons chercher toutes les occasions de témoigner combien nous sommes sensibles aux bienfaits que nous avons reçus. On leur donnait une figure douce et riante, pour signifier la joie que nous éprouvons quand nous exprimons les obligations que nous avons. Leur nombre était fixé à trois, pour montrer que la reconnaissance doit être trois fois plus grande que le bienfait : elles se tenaient toutes trois par la main, pour faire voir que les services et la gratitude doivent être inséparables.

Voilà ce que nous ont appris ces païens que nous damnons. Chrétiens! souvenez-vous que vous leur êtes supérieurs ; mais prouvez votre supériorité par vos vertus.

LE COMPAGNON DE VOYAGE.

Le malheureux inconnu, tout en déplorant la mort de son ami, oubliait sa propre sûreté : comme j'aperçus quelques hommes à cheval, à une certaine distance, je conjecturai qu'ayant eu peut-être connaissance du duel qui devait avoir lieu, ils venaient à la recherche des combattans : je le conjurai de monter dans ma chaise, afin de gagner Paris avec toute la promptitude possible. Il pouvait s'y tenir caché jusqu'à ce que son affaire eût été arrangée, ou, si elle prenait une mauvaise tournure, il s'échapperait et passerait en pays étrangers.

Mes remontrances eurent leur effet, et, avec quelques instances de plus, j'obtins de lui que nous ferions route ensemble.

Quand nous eûmes fait environ une lieue, je remarquai que ses pleurs étaient moins abondans, sa poitrine moins agitée, tout son extérieur plus tranquille. Nous n'avions pas encore ouvert la bouche depuis que nous étions entrés dans la voiture : voyant qu'il n'était pas éloigné de me raconter la cause de son malheur, je l'en priai poliment, et sans importunité : il y consentit.

L'HISTOIRE.

Je suis, dit-il, fils d'un membre du parlement de Languedoc. Ayant fini mes études, je vins passer quelques mois à Paris, où je me liai avec un gentilhomme un peu plus jeune que moi. Il était d'une famille distinguée, et devait hériter d'une fortune considérable. Ses parens l'avaient envoyé à Paris, autant pour perfectionner son éducation, que pour l'éloigner d'une jeune demoiselle d'un rang inférieur au sien, dont il paraissait très-épris.

Il me révéla sa passion pour cette jeune

personne qui avait, disait-il, fait tant d'impression sur son cœur, que le temps ni
l'absence ne pourraient en effacer son image chérie. Il entretenait avec elle une cor-
respondance très-suivie. Les lettres de la
demoiselle semblaient respirer le retour le
plus tendre. Il me consulta sur ce qu'il devait faire, et je lui donnai les conseils que
je jugeai les meilleurs : je ne prétendis
pas le guérir de son amour : sa maîtresse, à
l'entendre, était belle comme Vénus, et,
si l'on peut se prendre de passion d'après
un portrait peint par un admirateur aussi
brûlant, celui qu'il m'en faisait était bien
propre à exciter toutes les émotions de la
tendresse. J'applaudis donc à son choix ;
et comme nous pensions absolument l'un
comme l'autre, que la fortune et la grandeur ne pouvaient rien, quand elles se
trouvent en opposition avec le bonheur,
nous regardions comme le plus grand de
tous les maux la tyrannie des parens qui
forcent leurs enfans à se marier contre
leur inclination.

Sur ces entrefaites je reçus une lettre
de mon père qui me rappelait dans mon
pays. Comme son ordre était très-positif,
et n'était accompagné d'aucune raison, je
craignais que quelques-unes de mes petites galanteries (car c'est un mal auquel
il est impossible d'échapper dans un pays
comme Paris) ne fussent parvenues à sa
connaissance, je me disposai donc à partir,
et fis tristement mes préparatifs. Mon
chagrin n'était que trop bien fondé. Les
derniers fonds qu'on m'avait fait passer
devaient me durer trois mois : le premier à
peine fini, je n'avais plus rien. Il m'était impossible de voyager sans argent ; mais mon
généreux ami me prévint dans cette occasion. Il m'offrit une petite boîte qu'il me
pria de garder pour l'amour de lui. L'ayant
ouverte, j'y trouvai une lettre de change
à vue sur un banquier, la somme était
plus que suffisante pour mes frais de
route.

Comme il ne laissait jamais échapper
l'occasion d'écrire à sa chère Angélique,

je lui demandai une lettre pour elle : car elle demeurait dans le voisinage de mon père. Je me chargeai aussi de lui porter le portrait de son amant, peint par un artiste des plus célèbres de Paris, et garni d'un riche entourage de brillans : elle devait le porter en bracelet.

RETOUR DE L'ENFANT

PRODIGUE.

Je quittai Paris et tout ses plaisirs, avec la plus grande répugnance. Mais ce qui m'affligeait le plus c'était la perte de mon camarade, de mon ami : nous vivions ensemble comme deux frères. On nous nommait quelquefois Pylade et Oreste. A mesure que j'approchais, je pensais davantage aux reproches que j'allais essuyer de mon père, pour mes folies et mes extravagances ; je me disposais à recevoir la correction paternelle avec humilité, avec le respect qu'un fils, et un fils prodigue, doit à son père.

Mais quelle fut ma surprise quand j'entendis ce bon père, qui s'était précipité vers moi au moment où j'entrais, avec un visage tout rayonnant de joie, s'écrier : Mon fils, l'empressement que vous avez témoigné à m'obéir vous rend encore plus cher à mon cœur, et plus digne de la fortune qui vous attend. Je le remerciai de ses bontés pour moi ; mais je lui montrai ma surprise relativement à cette bonne fortune dont il me parlait. « Entrez, me dit-il, et ce mystère vous sera révélé. » En parlant ainsi, il me présenta à un vieux gentilhomme et à une jeune dame, et me dit : « Monsieur, voici votre femme. » Il y avait dans cette saillie brusque, mais amicale de mon père, quelque chose de franc et d'honnête qui me parut infiniment préférable au ton mielleux des sycophantes de cour, espèce d'êtres que je n'ai jamais goûtés.

La jeune demoiselle rougit, et moi je

restai immobile. Ma langue ne pouvait
plus articuler, ni mes bras agir. Mes jam-
bes fléchissaient : surpris à la vue de tant
de beauté et d'innocence, je n'eus pas le
temps de réfléchir : un millier de Cupi-
dons s'emparèrent de mon cœur au même
instant, et le subjuguèrent.

Revenu du trouble où cet événement
inattendu m'avait jeté, je présentai du
mieux que je le pus, mes respects à la
compagnie, et l'on me complimenta sur
mon heureuse alliance, comme si mon
mariage était déjà fait : il est vrai qu'il
était impossible de voir un objet aussi
divin sans en venir éperdument amoureux.
C'était pour moi le comble du bonheur,
que l'approbation de mon père eût pré-
cédé la mienne.

L'ENTREVUE.

Le dîner était servi, et la joie éclatait sur tous les visages, excepté sur celui de ma prétendue : je l'attribuai à sa modestie et au trouble qu'avait dû lui causer mon apparition soudaine. Je saisis la première occasion favorable où je me trouvai seul avec elle, pour lui déclarer mes senti-mens, et l'instruire de l'impression pro-fonde qu'elle avait faite sur mon cœur.

Cette occasion se présenta bientôt après le dîner. En nous promenant dans le jar-din, nous nous trouvâmes séparés du reste de la compagnie, dans un petit bois que la nature, dans un de ses momens de gaîté, semblait avoir réservé pour servir de re-traite aux amans. « Madame, lui dis-je, après la déclaration que nous avons en-tendue, et la démarche concertée entre votre père et le mien, je me flatte que ce n'est pas vous offenser que de vous dire que rien ne manquerait à ma félicité, que je serais le plus heureux des hommes si j'apprenais de votre bouche que l'alliance qui se prépare a votre agrément comme il paraît avoir celui de toutes les personnes qui nous entourent. Oh ! dites-le moi, mon ange ! dites-moi que ce n'est pas malgré vous que vous deviendrez mon épouse. Faites-moi du moins espérer que j'aurai une petite part à votre affection. Vous servir avec empressement, m'étudier constamment à vous plaire, fera l'occupation de toute ma vie. »

« Monsieur, me répondit elle, votre « extérieur annonce une noble franchise: « vous détestez, j'en suis sûre, le mensonge et la tromperie. Si je vous disais « que je pourrai vous aimer un jour, je « vous tromperais : c'est impossible. »

« Ciel ! qu'ai-je entendu ! impossible « de m'aimer ! Ai-je donc une forme si « hideuse ? Suis-je donc un monstre ? La « nature m'a-t-elle jeté dans un moule « si grossier, que je sois un objet de dé- « goût, d'horreur pour la plus belle, la

« plus aimable des créatures ? s'il en est
« ainsi...... »

« Non, monsieur ; vous êtes injuste
« envers la nature, injuste envers vous-
« même. Vous avez une figure aimable,
« une taille élégante, un extérieur agréa-
« ble, embelli encore de tous les charmes
« de l'art ; mais telle est ma cruelle des-
« tinée.... » Ici un torrent de larmes lui
coupa la parole.

« Oh ! madame, lui dis-je, en tombant
« à ses genoux, je vous en conjure, écou-
« tez la prière du plus ardent de vos ado-
« rateurs. Ce n'est pas parce que les or-
« dres d'un père semblent me donner un
« titre à votre main. Je ne veux la devoir
« qu'à vous-même. Mais, je vous en con-
« jure, permettez-moi de m'efforcer à la
« mériter ; permettez-moi de vous con-
« vaincre de la réalité de ma passion,
« aussi ardente qu'elle est insurmonta-
« ble ».

Dieu ! Quel fut mon étonnement lorsqu'en proférant ces dernières paroles, j'aperçus mon ami, l'ami que j'honorais, se précipiter de derrière le bosquet, en tirant son épée. « Lâche, s'écria-t-il, tu paieras ta trahison ».

La dame s'étant évanouie, il remit son épée dans le fourreau pour voler à son secours : on la remporta dans la maison, et il m'ordonna de le suivre. Je le suivis, ne sachant pas comment j'avais pu l'offenser, ni par quel enchantement il se trouvait dans la maison de mon père, tandis que je le croyais à Paris : pendant que nous nous rendions à la forêt, il s'expliqua en ces termes :

« Monsieur, j'ai été instruit de votre « perfidie, peu d'heures après que vous « fûtes parti de Paris, et, quoique vous « eussiez pris soin de me cacher le sujet « de votre voyage, le soir même il n'était « question que de votre mariage dans « toute la ville. J'envoyai aussitôt cher- « cher des chevaux de poste ; et, comme

« vous voyez, je suis arrivé encore à temps-
« pour rompre votre union avec Angé-
« lique. »

« Angélique! m'écriai-je; Dieu sait si
« votre accusation, vos reproches sont
« injustes : j'ignorais que cette demoiselle
« fût Angélique. »

« Subterfuge puéril, répondit-il, et
« bon, tout au plus, pour en imposer à
« un fou ou à un sot. Il me faut une au-
« tre satisfaction. Avez-vous remis ma
« lettre et mon portrait ? »

« Non; cela m'a été impossible. »

« Lâche, lâche! Non : tu trouvais qu'il
« était plus sage de travailler pour toi-
« même. J'ai entendu tout ce que tu as
« dit; il est donc inutile que tu ajoutes le
« mensonge à la perfidie. »

Ce fut en vain que je demandai à lui
prouver mon innocence; que je promis
de renoncer à toutes mes prétentions sur
Angélique, et de voyager dans les con-
trées les plus éloignées, afin de l'oublier :

2. 8.

il fut inexorable. Je ne pus jamais parvenir à lui persuader que je ne l'avais pas
trompé à Paris; que j'avais ignoré qu'Angélique fût la personne à laquelle j'adres-
sais mes vœux; en un mot, nous arrivâmes à l'endroit où vous nous avez trouvés;
et là, malgré toute ma répugnance, je
fus obligé de me défendre, après m'être
vu traité à plusieurs reprises de lâche,
d'infâme, de poltron : vous savez le reste.
Ainsi parla mon compagnon de voyage,
et ses larmes recommencèrent à couler.

L'AUBERGE.

Cette histoire touchante avait fait sur
moi une impression si pénible, que je fus
très-aise d'apercevoir une petite auberge
sur le bord de la route : j'avais grand besoin d'un peu de repos. Nous y entrâmes.
L'hôtesse nous souhaita le bon jour :
c'était une femme de bonne mine, assez
en embonpoint, ni jeune, ni vieille, ou,

comme on dit en France, d'un certain
âge; ce qui ne dit pas grand'chose. Je lui
donnerai donc environ trente-huit ans.
Un cordelier la quittait au moment où
nous entrions : elle regardait ce bon père
d'un œil si tendre et si pieux, qu'il était
aisé de voir qu'elle sortait de confesse.
Son mouchoir était un peu chiffonné : il
y manquait quelques épingles ; son bon-
net n'était pas tout-à-fait droit sur sa tête;
mais on pouvait attribuer ce léger désordre à la ferveur de sa dévotion et à l'empressement avec lequel elle était accourue
au devant de ses nouveaux hôtes.

Nous demandâmes une bouteille de
Champagne. Messieurs, j'en ai d'excellent.
Il n'a pas son pareil en France. Je vois
bien que monsieur est Anglais. Mais,
quoique nos deux nations soient en guer-
re, je rendrai toujours justice aux indivi-
dus : il faut avouer que les milords anglais
sont les seigneurs les plus généreux de
l'Europe : je commettrais donc une grande
injustice, si je présentais à un Anglais un

verre de vin qui ne fût pas bon pour la
bouche du *grand monarque.*

Il n'y avait pas à se quereller avec une
femme sur un point aussi délicat; et,
quoique nous vissions bien, mon compagnon et moi, que c'était la plus mauvaise
bouteille de Champagne dont nous eussions jamais tâté, je le louai généreuse-
ment, le payai de même, et je fis de
grands complimens à la maîtresse, sur sa
politesse.

A notre arrivée à Paris, je remis mon
compagnon de voyage à son ancien logis,
rue Guénégaud : il se proposait de se dé-
guiser en abbé, espèce de gens qui font
très peu de sensation dans cette ville. Il
faut pourtant en excepter ceux qui font
profession de bel esprit, ou qui sont dé-
terminés critiques. Il me promit de venir
me trouver au café anglais, vis-à-vis le
Pont-Neuf, à neuf heures du soir, afin
que nous pussions souper ensemble, et
délibérer sur ce qu'il aurait à faire pour

se mettre en sûreté. Il était alors cinq
heures ; ainsi j'en avais quatre devant
moi pour muser et chercher un gîte. Pou-
vais-je faire un meilleur emploi de mon
temps, que d'aller causer quelques instans
avec mon aimable marchande de gants.

D'abord il n'y avait pas dans toute la
ville une femme mieux au fait des loge-
mens à louer. Sa boutique était une espèce
de bureau d'adresse pour les hôtels vides.
Il est vrai que je ne le savais pas quand
j'y entrai. Mais cette circonstance serait-
elle moins en ma faveur parce que je ne
l'avais pas prévue? En second lieu, jamais
femelle ne fut plus habile à savoir la nouvelle du jour ; et il fallait que je décou-
vrisse si l'affaire de mon ami était déjà
connue à Paris ; mais cette recherche demandait de la précaution et de l'adresse :
il fallut donc passer dans l'arrière-boutique.

LES ARMOIRIES.

PARIS ET LONDRES.

PARIS, ton emblême est un vaisseau : la
Seine cependant n'est pas navigable. Que
ne prends tu pour armes la croix de Londres avec une Notre-Dame ? car ton vaisseau remonte la Tamise avec le flux , et
jette l'ancre dans le port marchand.

Dans laquelle des neuf cents rues (je ne
parle que des petites) de cette *capitale*
du monde (car le moyen de contester aux
Parisiens une dénomination qui , à la vérité, n'a jamais dépassé de leur ville), dans
laquelle, dis-je, de ses neuf cents rues pren-
drai-je un logement? Mais doucement : c'est
ici que demeure ma belle marchande de
gants. Elle est sur sa porte. Les filets
de l'amour, fiction des poëtes, sont une
réalité chez elle. « Madame , ma bonne
fortune m'a jeté encore une fois dans votre
quartier sans que j'y pensasse. Comment

se porte madame ? A merveille, monsieur : enchantée de vous revoir. »

Quelle urbanité ! quelle politesse de langage ! et c'est la femme d'un gantier qui parle ainsi.

L'ARRIÈRE-BOUTIQUE.

Il n'y avait pas dix minutes que nous étions dans l'arrière-boutique, et ma belle marchande avait déjà coulé à fond toutes les nouvelles du jour. Je fus bientôt au fait des nouvelles liaisons entre les danseurs de l'opéra et les filles d'honneur; les filles de joie et les milords anglais, les barons allemands et les marquis italiens. La rapidité avec laquelle elle défilait son chapelet ne peut se comparer qu'à celle du Rhône, ou à la chute du Niagara. Dans l'espace de dix minutes, j'avais recueilli assez d'anecdotes scandaleuses pour en composer deux gros volumes. « Mais à propos, dit-elle, avez-vous quelques échantillons de nos nouvelles manufac-

tures de gants? » « Où en trouve-t-on? »
Elle descend un carton, et me fait voir
une charmante collection.«Voilà les gants
d'amour: M. le duc D***en est l'inventeur.
C'est une histoire singulière; il faut que je
vous la raconte. Madame la duchesse a
pour sigisbé un officier écossais, qui a des
éruptions d'un genre particulier.Vous savez, monsieur, que cette nation est sujette
à une maladie qui lui est propre, c'est tout
comme chez nous : tous les pays ont leurs
maux. Le valet-de-chambre de madame
dit en confidence à monsieur qu'il craignait que le capitaine n'eût communiqué
à sa seigneurie quelque chose qu'il n'osait
pas nommer. « Qu'est-ce que c'est, dit le
duc? ce n'est pas la gale? » Le valet-de-
chambre leva les épaules, et la duchesse
entra. La politesse ne permettait pas au
duc de demander un éclaircissement à son
épouse : il travailla donc à imaginer un
moyen d'éviter la contagion. Il avait entendu parler d'un colonel anglais qui avait
eu une très-bonne idée dans une circons-

CHAPITRE II.

Que ce fut une bonne journée que celle des pots cassés !

L<small>E</small> dîner fut excellent. La maîtresse de la maison n'en faisait pas les honneurs ; mais elle s'occupait de ses amis. Depuis que j'étais en France, je n'avais point rencontré tant de bonté, de simplicité et d'aisance réunies. Toutes les personnes qui étaient à ce dîner me parurent aimables : elles étaient bien aises d'être ensemble. L'air de franchise et de contentement de madame G.... se répandait autour d'elle.... Oui, ma Lisette, toi seule y manquais. Partout où je suis bien, je te regrette. Ton plaisir est le premier besoin de mon cœur.... Un Français dirait que la conversation animée, gaie et variée qu'il y eut pendant ce dîner, l'avait fort amusé. Pour moi, je suis un peu comme mon oncle *Tobie :* je n'entends guère mieux

2.   11

le mot *amusement* que la chose. Un jour
il venait de secourir le capitaine Lefèvre
qui se mourait de chagrin et de misère
dans une hôtellerie ; il demandait au ca-
poral *Trim* : « *Dis-moi, mon ami, où
nous sommes - nous amusés aujour-
d'hui? Mon frère Shandy dit quelquefois qu'il vient de s'amuser , et je ne
l'entends pas*. Monsieur, répondit le ca-
poral, en se courbant, votre âme n'a pas
besoin de comprendre M. Shandy ; elle
est bonne, vous avez du plaisir à soulager les malheureux. Je ne sais pas ce que
c'est que l'amusement ; mais ni vous ni
moi n'en avons besoin.

— Tu as raison, mon cher *Trim ;* je
laisserai parler d'amusement mon frère
Shandy, et je me contenterai d'avoir du
plaisir à sentir mon âme émue des maux
de nos amis.

Oui, reprit Trim ; ce sont tous les malheureux, et nous n'en manquerons jamais.... » O mon cher oncle Tobie ! je

n'ai pas l'âme aussi bonne, aussi douce
que toi ; cependant je l'avouerai, je n'é-
coute avec intérêt que ce qui parle à mon
âme. Je ne louai jamais un trait d'esprit ;
mais j'ai toujours une larme à donner au
récit d'une bonne action ou à un mouvement de sensibilité : ce sont là les seules
touches qui répondent à mon cœur... Oh !
qu'il fut doucement et délicieusement ému
par ce qui se passa après dîner !....

Nous rentrâmes dans le cabinet où il y
avait une table à l'anglaise pour servir le
café : c'était la maîtresse de la maison qui
en prenait le soin. Tout le monde se mit
autour de la table, chacun prit sa tasse,
et madame G.... la cafetière. Il y avait
un pot de crême. Elle en offrait, et plusieurs en prirent.

Un abbé qui était à côté de moi, re-
muait cette crême, la mêlait dans son
café, la goûtait avec un peu de lenteur,
ce qui fut remarqué par madame G....
« Madame, dit-il avec un ton où il y avait

plus d'affection que de critique, tout ce
qu'on mange ici, tout ce qu'on y prend
est à un tel point de perfection, que j'ose
vous faire une représentation : il n'y a
que la crême qui ne soit pas bonne. — Je
le sais bien, reprit doucement madame
G...; elle est mauvaise, j'en suis bien fâ-
chée (et ce dernier mot fut dit en regardant ses amis); mais cela ne peut pas être
autrement.—Comment donc, reprit plus
gaîment l'abbé, comment! il est nécessaire que vous ayez de la mauvaise crême?
Cela me paraît plaisant. — Oui, oui, mes
amis, cela est nécessaire ; et, si vous voulez m'écouter, vous serez forcés d'en con-
venir... » Tout le monde se tut, mais avec
l'expression du désir de l'entendre.

« J'avais une laitière de campagne qui
venait apporter le lait et la crême tous les
matins. Un jour, je vis entrer mon por-
tier avec l'air triste..... Que venez-vous
m'apprendre, Follet, lui dis-je? — Madame, votre laitière est en bas, elle est
tout en larmes, elle vient vous faire dire

qu'à l'avenir elle ne pourra plus servir
madame : sa vache est morte, et elle s'en
désole. — Faites-moi monter cette pauvre
femme...; et il fut bien vite, car la laitière semblait l'avoir suivi : on ouvrit ma
porte, elle s'y tenait, essuyait ses yeux,
elle paraissait vouloir étouffer les sanglots
qui la suffoquaient... et elle ne pouvait
avancer...

J'ai remarqué souvent que les malheureux croient que c'est manquer de respect
que de se livrer à l'expression de leur douleur : je voyais ce mouvement dans l'effort
qu'elle faisait pour se calmer.... Approchez, ma bonne, approchez, lui dis-je...
Elle voulait marcher, et elle n'avançait
point ; elle levait les pieds, et ils se trou-
vaient à la même place... Venez, venez,
ma chère amie ; vous avez donc eu bien
du malheur ! Ce mot la soulagea, elle fon-
dit en larmes... — Bien du malheur ! Oh !
oui, madame... et elle leva les yeux pour
me regarder : jusque-là elle les avait tenus
baissés. Alors il me sembla qu'elle cher-

chait dans mon visage si elle aurait la force
de parler...

Eh bien! dites-moi, ma bonne femme,
vous avez perdu votre vache; elle vous
faisait vivre, n'est-ce pas? — Hélas, dit-
elle, en joignant et en élevant les mains,
que deviendront mon pauvre père et ma
mère! ils sont si vieux! ils ne peuvent
plus travailler, notre vache et moi étions
tout leur bien; elle est morte, mon mari
est dans son lit depuis deux mois.... Alors
les sanglots l'étouffèrent; elle mit son visage dans son tablier, elle s'abandonna à
toute sa douleur; elle me faisait mal à
l'âme.....

— Ma chère amie calmez-vous, votre
douleur me fait une plaie. Je vous donnerai une vache, vous l'acheterez aussi
belle que vous pourrez, et j'espère qu'elle
remplacera celle que vous avez perdue...

Elle leva sa tête, laissa tomber ses bras:
je ne vis plus de larmes sur son visage,
elle était sans mouvement, elle ouvrait la

bouche, elle essayait de prononcer......
J'ajoutai : « Et ce sera tout-à-l'heure que
vous irez chercher la meilleure vache. ——
Oh ! madame, oh ! ma bonne dame, vous
sauvez la vie à mon père.... » Alors je vis
couler des larmes ; mais elles étaient douces et lentes ; son visage était calme........
c'est alors que je remarquai sa figure.
Elle était jeune et fraîche, de belles dents,
de la douceur dans les yeux.... « Quel
âge avez-vous, ma chère ? — Je vais avoir
trente ans vienne la Saint-Martin, dit-
elle, en faisant la révérence. — Eh bien,
ma bonne, actuellement que vous voilà
un peu consolée, dites-moi tous vos malheurs ; je les soulagerai peut-être. — Madame est trop charitable, reprit-elle avec
un souris qui ressemblait au bonheur.

— Allons, dites-moi, aimez-vous votre
mari ? — Charles et moi, nous nous ai-
mons depuis que nous allions ensemble
au catéchisme de notre curé. Charles est
un brave homme, bon travailleur. Avant
le malheur qu'il a eu de se blesser à la

jambe, nous ne manquions de rien. Il aime mon père comme s'il était le sien, et il pleurait hier en me disant : Va , Madelaine, va dire demain à tes pratiques que tu n'as plus de lait, que notre vache est morte.... Et, en prononçant ce mot ma bonne femme s'essuyait les yeux qui se remplissaient encore de larmes.

— Votre mari sera donc bien content ce soir, quand il verra que vous ramenez une vache ? — Content ! oh ! il ne le croira pas. Je lui dirai la bonté de madame ; qu'il vous bénira ! que mon pauvre père va prier le bon Dieu pour la conservation de madame !....

Mais vous ne dites rien de votre mère !..... (car j'avais remarqué que son père était toujours l'objet de son attendrissement et de sa douleur) est-ce que vous ne l'aimez-pas ? — Pardonnez-moi , je l'aime bien ; mais la pauvre femme, elle gronde tant ! Si ce n'était que moi.... c'est ma mère ; ainsi..... Mais elle tourmente Charles, elle le querelle, et elle l'a sou-

vent fait sortir de la maison, et c'est cela
qui me chagrine : car le chagrin de Charles me fait plus de mal que le mien ; mais
il n'a point de rancune, il a soin de ma
mère. La pauvre femme! il le faut bien ; à
peine peut-elle se remuer. Je dis quelquefois à Charles : mon ami, quand nous
serons vieux et infirmes, nous serons peut-
être aussi grogneurs que ma mère : il faut
bien prendre patience; et Charles rit, il
m'embrasse et nous sommes contens.....

— Eh bien! ma bonne, je veux encore
ajouter à votre bien-être : je veux vous
donner une seconde vache, pour vous
consoler de ce que vous avez souffert depuis deux jours. — Oh! c'est trop, madame, c'est trop, dit-elle avec l'expression
de la joie et du désir : nous serions tous
trop heureux !

—Mais dites-moi, pourrez-vous soigner
deux vaches ? — Oui, moi et mon cousin
Claude nous en aurons bien soin. Claude
a un bon cœur : il a pleuré trois jours, et
n'a rien voulu manger pendant tout le

temps que notre vache refusait le foin : il la gardait tout le jour, et moi je couchais à côté d'elle la nuit. Nous parlions ensemble.... Comment te va, *Blanche*, lui disais-je? elle me regardait, elle se plaignait, et quelquefois je croyais qu'elle pleurait. Veux-tu du pain, ma mie?..... Elle le prenait, mais elle ne pouvait pas l'avaler. Elle me regardait, je la flattais, et il semblait que cela lui faisait du bien...

Hélas! le bon Dieu est le maître; il a compté nos jours, il a voulu que Blanche soit morte hier matin : mais il nous aime bien; c'est mon pauvre père qui est la bénédiction de notre famille; c'est pour le récompenser que le bon Dieu a voulu que j'aie trouvé une si charitable dame qui a fait tant de bien à mon cœur; il était mort quand je suis arrivée à la porte de M. Follet. Qu'il va me trouver joyeuse en sortant! Mon Dieu! que le bon Dieu est bon!... » et elle joignait les mains avec action.

Ses yeux, son visage ne me peignaient

plus que le plaisir, mon âme s'en laissait doucement pénétrer.... Mes amis, je n'ai guère passé de matinée qui m'ait laissé une impression plus agréable : je devais bien plus à ma laitière qu'elle n'avait reçu de bien de moi....

Adieu, ma bonne, lui dis-je : car je m'aperçus qu'il était onze heures. J'avais été plus d'une heure avec cette bonne femme ; je l'avais consolée, je ne regrettai pas mon temps, je crus l'avoir bien employé....

Vous voyez donc, d'après tout ce que je viens de vous conter, que je ne peux pas avoir de bonne crême. Me donneriez-vous le conseil, et aurais-je le courage de quitter ma laitière ? Je l'ai consolée de la mort de sa vache ; qui est-ce qui la consolerait du mal qu'elle sentirait, si je venais à la quitter ? « Ne vaut-il donc pas mieux, mon cher abbé, en se tournant de son côté, que nous prenions de mauvaise crême ? Mes amis, en la prenant, penseront à la bonne laitière, et ils me pardonneront, n'est-il pas vrai ?.... »

Il y eut une acclamation générale : chacun louait la bienfaisance, la bonté de
madame G....

Pour moi, j'avais les yeux attachés sur
tous ses mouvemens, et je ne disais mot :
mon âme était trop occupée pour me laisser
des expressions. Pendant ce récit, il m'était
échappé des larmes que je sentais venir de
mon cœur..... Bon, m'étais-je dit souvent,
il y a donc encore une aussi bonne âme
que celle de mon oncle Tobie! les malheureux ont donc encore une amie qui veille
pour eux, qui est près de leur cœur....

Pendant que je réfléchissais, ou plutôt
que je sentais et jouissais de la vertu de
cette excellente dame, elle s'approcha de
moi.... Vous ne dites rien, monsieur
Sterne, dit-elle en me regardant avec
bienveillance; cependant mon histoire ne
vous a pas ennuyé : j'en ai vu des preuves
certaines sur votre visage, j'ai vu couler
une larme pour ma laitière, et cela m'a
fait plaisir! — Hélas! madame, dis-je en
la regardant avec la tendresse et le res-

pect dont elle avait pénétré mon âme;
je ne sais point louer tant de bonté et de
simplicité à faire le bien ; mais je chérirai
la Providence qui a accordé aux malheureux une aussi excellente protectrice; je
la bénirai de me l'avoir fait connaître, et
je dirai à tous mes compatriotes : « Allez
» « en France, allez voir madame G...,
» « vous verrez la bienfaisance, la bonté ;
» « vous verrez ces vertus dans leurs per-
» « fections, parce que vous les trouverez
» « accompagnées d'une délicatesse qui ne
» « peut venir que d'une âme dont la sen-
» « sibilité a été perfectionnée par l'habi-
» « tude de la vertu. Oh! l'excellente
» « femme que vous connaîtrez! Allez,
» « mes amis, faites le voyage de Paris; et,
» « à votre retour, si vous m'apprenez que
» « vous avez vu ou connu cette respecta-
» « ble dame, je ne m'informerai plus si
» « vous avez eu du plaisir à Paris, si
» « vous êtes bien aises d'avoir été en
» « France. Pour moi je n'y ai connu le
» « bonheur que d'aujourd'hui.... »

Il s'était fait un profond silence pendant que je parlais ; madame G... n'avait
pu m'interrompre. J'avais parlé avec vé-
hémence : c'était mon cœur qui donnait
de la chaleur à ce que je disais, et je vis
que j'avais été entendu de celui de madame
G... ses yeux s'étaient mouillés de larmes...

Ah ! que je suis heureuse, dit - elle
avec simplicité ! je suis donc bonne ! monsieur Sterne, vous venez de m'en récompenser, je veux vous embrasser pour le
bien que vous m'avez fait... Elle se baissa,
je me levai avec transport, je la serrai
dans mes bras... Oui, ma Lisette, je sen-
tis pour la première fois de ma vie, que
les mouvemens qu'inspire la vertu, ont
leurs délices comme ceux de l'amour ;
mon âme eut un moment d'ivresse.... Son
retour fut pour toi... J'en serai plus digne
de ma Lisette, me dis-je. Elle pleurera
avec moi, lorsque je lui conterai l'histoire de la laitière de madame G.....

FIN DU VOYAGE SENTIMENTAL.

LETTRES

D'YORICK A ÉLIZA.

LETTRE PREMIÈRE.

Yorick a Éliza.

Éliza recevra mes livres avec ce billet...
Les sermons sont sortis tout brûlans de
mon cœur : je voudrais que ce fût là un
titre pour pouvoir les offrir au sien....
Les autres sont sortis de ma tête, et je suis
plus indifférent sur leur réception.

Je ne sais comment cela se fait ; mais
je suis à moitié pris d'amour pour vous...
Je devrais l'être tout-à-fait ; car je n'ai
jamais vu dans personne plus de qualités
estimables, ni estimé, ni connu de femme

dont on pût mieux penser que de vous.
Ainsi, adieu,

> Votre fidèle et affectionné
> serviteur,
>
> L. STERNE.

LETTRE II.

ELIZA A YORICK.

Mon Bramine ,

J'AI reçu votre *Voyage sentimental...*
J'admire le pouvoir de votre imagination :
elle a réveillé des sensations en moi, dont
je ne me croyais pas capable.... Vous me
rendez fière, et vous me faites aimer ma
propre sensibilité.

J'ai mouillé de mes larmes vos pathé-
tiques pages... mais c'étaient des larmes
de plaisir ; mon cœur découlait, pour
ainsi dire, de mes yeux... O! vous avez
excité tous les nobles sentimens de mon
âme.

La route que vous suivez est la plus simple pour reculer les bornes de l'entendement humain; vous persuadez la raison en touchant le cœur.... Les plus grands éloges qu'un auteur puisse recevoir, sont les soupirs et les larmes de ses lecteurs... Combien d'éloges de ce genre ne vous ai-je pas donnés !

Je vous prie, si vous m'estimez, de ne point me flatter.... Je suis déjà si vaine! et la louange d'un homme de sens est trop dangereuse.

Je suis, dans la plus grande étendue du mot, votre amie,

ELIZA.

LETTRE III.

YORICK A ÉLIZA.

Je ne saurais être en repos, Eliza, quoique j'irai vous voir à midi, jusqu'à ce que je sache des nouvelles de votre santé.... Puisse ton visage chéri, à ton lever, sourire comme le soleil de ce matin sur l'horizon!.... Je fus hier bien alarmé, bien triste d'apprendre votre indisposition, et bien trompé dans mon attente de ne pouvoir être introduit auprès de vous... Rappelez-vous, chère Eliza, qu'un ami a le même droit qu'un médecin. L'étiquette de la ville, me direz-vous, en ordonne autrement.... Et qu'importe ? La délicatesse et la décence ne consistent pas toujours à observer ses froides maximes.

Je sors pour aller déjeûner : à onze heures je serai de retour, et j'espère trouver une seule ligne de ta main, qui m'apprendra que tu es mieux, et que tu seras bien aise de voir

ton BRAMINE.

A neuf heures.

LETTRE IV.

Éliza a Yorick.

Mon Bramine,

Je vous apprends avec plaisir que je suis mieux, parce que je crois que vous aurez du plaisir à le savoir.

Un ami, dites-vous, a le même droit qu'un médecin.

Vous avez donc un double droit, et comme ami, et comme médecin : le plus estimable des médecins, le médecin de l'âme. Venez donc voir Eliza, apportez avec vous le meilleur des cordiaux.... celui du sentiment.... Si votre conversation ne fait pas disparaître mon mal, elle pourra me faire oublier que je suis malade.... Je suis sûre, du moins, de ne sentir aucune douleur, tant que vous serez avec moi.

Ainsi, vous voir est le désir et l'intérêt d'Eliza.

A dix heures.

LETTRE V.

YORICK A ELIZA.

ÉLIZA, j'ai reçu ta dernière hier au soir, en revenant de chez le lord Bathurst, où j'ai dîné, où j'ai parlé de toi pendant une heure sans interruption : le bon vieux lord m'écoutait avec tant de plaisir, qu'il a, trois différentes fois, *toasté* votre santé. Quoiqu'il soit dans sa quatre-vingt-cinquième année, il dit qu'il espère de vivre encore assez de temps pour devenir l'ami de ma belle disciple indienne, et la voir éclipser en richesses toutes les autres femmes du Nabad, autant qu'elle les surpasse déjà en beauté, et, ce qui vaut mieux, en vrai mérite..... Je l'espère aussi....

Ce seigneur est mon vieux ami.... Vous

savez qu'il fut toujours le protecteur des
gens d'esprit et de génie ; il avait tous les
jours à sa table ceux du dernier siècle,
Adisson, Steele, Pope, Swift, Prior,
etc.... La manière dont il s'y prit pour
faire ma connaissance est aussi singulière
que polie. Il vint à moi un jour que j'é-
tais à faire ma cour à la princesse de
Galles.... « J'ai envie de vous connaître,
« M. Sterne ; mais il est bon que vous sa-
« chiez un peu qui je suis.... Vous avez
« entendu parler, continua - t - il, de ce
« vieux lord Bathurst, que vos Popes et
« vos Swift ont tant chanté ; j'ai passé
« ma vie avec des génies de cette trempe ;
« mais je leur ai survécu ; et, désespérant
« de trouver leurs égaux, il y a quelques
« années que j'ai fermé mes livres, avec la
« résolution de ne plus les ouvrir ; mais
« vous m'avez fait naître le désir de les
« ouvrir encore une fois avant que je
« meure : ce que je fais.... Ainsi venez
« au logis, et dînez avec moi. »

Ce seigneur, je l'avoue, est un pro-

dige ; car à son âge il a tout l'esprit et la
vivacité d'un homme de trente ans ; il
possède, au suprême degré, l'heureuse
faculté de plaire aux hommes et celle de
se plaire avec eux : ajoutez à cela qu'il est
instruit, courtois et sensible. Il m'a entendu parler de toi, Eliza, avec une satisfaction peu commune : il n'y avait qu'un
tiers avec nous, qui était susceptible de
sensibilité aussi.... et nous avons passé
jusqu'à neuf heures, l'après dînée la plus
sentimentale ; mais, Éliza, tu étais l'é-
toile qui nous dirigeait, tu étais l'âme de
nos discours !... Et, lorsque je cessais de
parler de toi, tu remplissais mon cœur,
tu échauffais chaque pensée qui sortait de
mon sein ; car je n'ai pas honte de recon-
naître tout ce que je te dois.... O la meilleure des femmes ! les peines que j'ai souf-
fertes à ton sujet pendant toute la nuit
dernière, sont au-delà du pouvoir de l'expression.... Le ciel nous donne, sans
doute, des forces proportionnées au poids
dont il nous charge. O mon enfant ! toutes

les peines qui peuvent naître de la double
affliction de l'âme et du corps, sont tom-
bées sur toi; et tu me dis cependant que tu
commences à te trouver mieux. Ta fièvre
a disparu; ton mal et ta douleur de côté
ont cessé; puissent ainsi s'évanouir tous
les maux qui traversent le bonheur d'E-
liza.... ou qui peuvent lui donner un seul
moment d'alarme! Ne crains rien... espère
tout, Eliza.... mon affection jetera une
influence balsamique sur ta santé; elle te
fera jouir d'un principe éternel de jeunesse et d'agrément, au-delà même de tes
espérances.

Tu as donc placé sur ton bureau le portrait de ton Bramine; et tu veux le consulter dans tes doutes, dans tes craintes?....
O reconnaissante et bonne fille! Yorick
sourit avec satisfaction sur tout ce que tu
fais... son portrait ne peut remplir toute
l'étendue du contentement qu'il éprouve.

Qu'il est digne de toi ce petit plan de
vie si doux que tu t'es formé pour la distri-
bution de la journée!... En vérité, Eliza,

tu ne me laisses rien à faire pour toi, rien
à reprendre, rien à demander.... qu'une
continuation de cette admirable conduite
qui t'a gagné mon estime, et m'a rendu
pour toujours ton ami.

Puissent les roses promptement revenir
sur tes joues, et la couleur des rubis sur
tes lèvres ! Mais, crois-moi, Eliza, ton
mari, s'il est l'homme bon et sensible que
je désire qu'il soit, te pressera contre son
sein avec une affection plus honnête et plus
vive ; il baisera ton pauvre visage pâle et
défait, avec plus de transport que lorsque
tu étais dans toute la fleur de ta beauté....
Il le doit, ou j'ai pitié de lui.... Ses sensations sont bien étranges, s'il ne sent pas
tout le prix d'une aimable créature comme
toi !

Je suis bien aise que miss Light vous
soit une compagne dans le voyage : elle
peut adoucir vos momens de peine.....
J'apprends avec plaisir que vos matelots
sont de bonnes gens. Vous pourriez vivre,
Eliza, avec ce qui est contraire à ton na-

turel, qui est aimable et doux.... Il civili-
serait des sauvages.... mais il serait dom-
mage qu'on te donnât un tel devoir à remplir....

Comment pouvez - vous chercher des
excuses à votre dernière lettre! elle me
devient plus chère, par les raisons mêmes
que vous employez pour la justifier......
Ecrivez - m'en toujours de pareilles, mon
enfant : laissez-les s'exprimer avec la né-
gligence facile d'un cœur qui s'ouvre de
lui-même.... Dites tout, le comment, le
pourquoi; ne cachez rien à l'homme qui
mérite votre confiance et votre estime....
Telles sont les lettres que j'écris à Eliza...
Ainsi, je pourrai toujours vivre avec toi
sans art, et plein d'une vive affection,
si la Providence nous permet d'habiter la
même section du globe; car je suis, autant
que l'honneur et l'affection me permettent
de l'être,

ton BRAMINE.

LETTRE VI.

Eliza a Yorick.

Obligeant Yorick,

J'ai lu votre lettre, comme je lis toutes celles qui me viennent de vous, avec un vrai plaisir.... Je suis bien contente du détail que vous me faites sur ce bon et digne seigneur, le lord Bathurst.... Une demi-douzaine d'hommes tels que lui feraient perdre à la vieillesse ce caractère de bourru qu'on lui donne, et la rendraient le plus désirable période de la vie.

La société que ce lord avait su se faire, et les amis qu'il a eus, prouvent assez son bon jugement.... La manière dont il a fait votre connaissance suffirait pour rendre son nom respectable.

Je rends grâces au lord Bathurst pour la bonne opinion qu'il a de moi....; mais je ne brille ici que d'une lumière emprun-tée..... ses éloges ne sont dus qu'à l'image

flatteuse que votre imagination lui a
formée de moi....; et j'ai reçu de vous
l'éclat dont ce lord a bien voulu être
ébloui.

Vous dites une bien juste vérité, lorsque vous m'écrivez que le ciel nous donne
des forces proportionnées au fardeau qu'il
nous impose..... Je l'ai bien éprouvé.....
J'ai vu mon courage s'accroître avec mon
mal, et, tandis que ma santé déclinait,
ma confiance envers la Providence deve-
nait plus ardente.

Mais je suis mieux....., Dieu merci....
Vous m'exhortez à l'espérance... J'espère...
elle est un baume salutaire pour mon
âme, doucement elle adoucit mes angoisses.

Le temps arrive où je dois quitter l'Angleterre.... Je voudrais bien que vous fussiez du voyage...... Votre conversation
raccourcirait les heures d'ennui; elle
adoucirait la rudesse des vagues ;.... alors
plus de terreur pour moi sur l'élément
terrible que je vais affronter ; je ne crain-

drais plus les dangers qui vont environner ma prison flottante.

Cependant pourquoi désirer que vous abandonniez votre paisible retraite et votre bonheur domestique,.... pour vous livrer à un élément incertain et chercher un ciel orageux? Cruelle pensée!.... Eliza doit être satisfaite de porter dans son cœur l'image d'Yorick, de thésauriser dans son âme les douces instructions de son ami.... Cette image vivante la protégera contre l'inconstance des climats, contre les vagues menaçantes : alors elle sera dans le vrai sens de l'expression,

L'ELIZA D'YORICK.

LETTRE VII.

ÉLISA A YORICK.

Tendre Yorick,

Mes nerfs sont si faibles, ma main est si tremblante, que je crains bien que

vous ne puissiez lire ni entendre ce grif-
fonnage.... Je suis bien mal,... en vérité,
je suis bien mal:

Présentez mon tendre souvenir à monsieur et mistriss James; .... ils sont dans
mon cœur,.... ils ont, avec mon Bramine,
une égale portion de ma sincère amitié : ...
que le ciel vous préserve tous des épreuves cruelles dont il accable mon être
souffrant et débile.

Mais ne croyez pas, Yorick, que je
me plaigne.... Non.

Dieu bienfaisant, je te remercie de
mes peines.... Tu me châties pour mon
bien.... Mon âme vaine s'était égarée dans
les flatteuses pensées de l'avenir.... Tu la
ramènes pour fixer son attention sur le
point qu'elle habite.... O garde - moi du
péché de murmure ! Je te demande des
forces pour supporter mes maux avec
patience.

La famille des *** est venue me voir...;
ce sont de bien aimables gens, et je les
aime autant que je les considère.... Qu'ils

étaient affectés de ma situation! je crois
qu'ils la sentaient plus vivement que moi.

Je suis prise d'un étrange vertige, et
je finis ma lettre. Adieu.

ÉLIZA.

LETTRE VIII.

YORICK A ÉLIZA.

JE vous écris, Eliza, de chez M. James,
tandis qu'il s'habille : son aimable femme
est à mes côtés, qui vous écrit aussi... J'ai
reçu, avant le dîner, votre billet mélancolique;.... il est mélancolique, en effet,
mon Eliza, de lire un si triste récit de ta
maladie.... Tu éprouvais assez de maux
sans ce surcroît de douleur. Je crains que
ta pauvre âme n'en soit abattue, et ton
corps aussi, sans espoir de recouvrement...
Que le ciel te donne du courage! Nous
n'avons parlé que de toi, Eliza, de tes
douces vertus, de ton aimable caractère :
nous en avons parlé pendant toute l'après-
dinée.

Mistriss James et ton Bramine ont mêlé leurs larmes plus de cent fois en parlant de tes peines, de ta douceur et de tes grâces : c'est un sujet qui ne peut tarir entre nous. Oh ! c'est une bien bonne amie !

Les ***, je te le dis de bonne foi, sont de méchantes gens ; j'en ai appris assez pour frémir à la seule articulation du nom.... Comment avez-vous pu, Éliza, les quitter, ou plutôt souffrir qu'ils vous quittassent avec les impressions défavorables qu'ils ont ?.... Je croyais t'en avoir dit assez pour te donner le plus profond mépris pour eux jusqu'au dernier terme de ta vie. Cependant tu m'écris, et tu le disais encore il y a peu de jours à mistriss James, que tu croyais qu'ils t'aimaient tendrement.... Son amour pour Éliza, sa délicatesse et la crainte de troubler ton repos, lui ont fait taire les plus éclatantes preuves de leur bassesse....... Pour l'amour du ciel, ne leur écris point, ne souille pas ta belle âme par la fré-

quentation de ces cœurs corrompus.......
Ils t'aiment ! quelles preuves en as-tu ?
sont-ce leurs actions qui le montrent, ou
leur zèle pour ces attachemens qui t'ho-
norent et font tout ton bonheur ? Se sont-
ils montrés délicats pour ta réputation ?
Non ;.... mais ils pleurent, ils disent des
choses tendres.... mille fois adieu à toutes
ces simagrées.... Le cœur honnête de
mistriss James se révolte contre l'idée
que tu as de leur rendre une visite...... Je
t'estime, je t'honore pour chaque acte de
ta vie, excepté cette aveugle partialité
pour des êtres indignes d'un seul de tes
regards.

Pardonne à mon zèle, tendre fille ; ac-
corde-moi la liberté que je prends ; elle
naît de ce fonds d'amour que j'ai, que je
conserverai pour toi jusqu'à l'heure de ma
mort.... Réfléchis, mon Éliza, sur les mo-
tifs qui me portent à te donner sans cesse
des avis.... Puis-je en avoir aucun qui ne
soit produit par la cause que j'ai dite ?
Je crois que vous êtes une excellente

femme, et qu'il ne vous manque qu'un peu plus de fermeté, et une plus juste opinion de vous - même , pour être le meilleur caractère de femme que je connaisse. Je voudrais pouvoir vous inspirer une portion de cette vanité dont vos ennemis vous accusent, parce que je crois que , dans un bon esprit, l'orgueil produit de bons effets.

Je ne vous verrai peut-être plus, Éliza;.... mais je me flatte que vous songerez quelquefois à moi avec plaisir, parce que vous devez être persuadée que je vous aime ; et je m'intéresse si fort à votre droiture, que j'apprendrais avec moins de peine la nouvelle d'un malheur qui vous serait arrivé, que le plus léger écart de ce respect que vous devez à vous-même.... Je n'ai pu garder cette remontrance dans mon sein ;.... elle s'en est échappée. Ainsi, adieu : que le ciel veille sur mon Éliza !

Ton YORICK.

LETTRE IX.

E LIZA A YORICK.

Mon Bramine ,

JE me trouve beaucoup mieux aujour-
d'hui, ma tête est plus tranquille.

Acceptez mes remercîmens;... faites-les
agréer à monsieur et mistriss James, pour
le tendre intérêt que vous prenez tous à
ma maladie.... Quoique mes expressions
soient bien faibles, mon cœur n'en est pas
moins plein de reconnaissance.

Vous avez été trompé, cher Yorick....
Je ne saurais me persuader que la famille
des *** mérite la sévérité avec laquelle
vous la traitez... Je ne puis penser mal de
personne, sans en avoir le sujet... Ce serait être misérable, en effet, que de vivre
l'esclave du soupçon.... Je suis certaine
que mon Bramine ne voudrait pas conce-
voir une mauvaise opinion de qui que ce

soit, sans un juste fondement ;... mais on peut le tromper... Son cœur est si bon, si ouvert, si franc, que les *** lui auront été présentés sous un faux jour.

Je vais être singulièrement importune... J'ai besoin de vous pour me faire quelques commissions ;... excusez votre Eliza ; elle n'ose vous donner cette peine ; cependant elle ne peut se confier à personne qu'à vous.

Je voudrais que vous eussiez de M. Zumps les adresses nécessaires pour me faire parvenir sûrement mon piano-forte..... Son harmonie adoucira mes peines dans le voyage.

Je désirerais une douzaine de crochets à vis en cuivre, pour les mettre dans mon cabinet, et y suspendre plusieurs choses qui me sont utiles.

Il me faudrait aussi un livre blanc pour faire mon journal, et y tracer les réflexions que m'inspirera la mélancolie pendant le voyage.

Une chaise à bras ne me serait pas inutile.

J'espère que vous aurez assez de bonté pour m'envoyer tout cela à l'adresse de M. Abraham Walker, pilote à Déal.

Quoique ma santé aille tous les jours de mieux en mieux, mon esprit n'a pas encore repris toute sa tranquillité; mais je ne veux pas donner trop de peine à un ami qui sent si vivement tout ce qui me regarde.

Mes plus tendres amitiés à mistriss James;... c'est une bien douce et bien aimable femme... Mes complimens à M. James... Le ciel les comble tous deux de ses bénédictions.... puissent les sourires de la gaîté, de la santé et du bonheur, les suivre sans cesse !

Dieu est mon éternel appui; c'est à lui que je m'adresse pour obtenir les forces dont j'ai besoin ;.... et, tant que je respirerai l'air de la mortalité, mes regards seront tournés vers vous, Yorick... Vous

êtes mon maître, mon ami, mon bon génie... Que notre mutuelle affection con-
tinue d'être pure et durable, jusqu'à la
dissolution de nos corps fragiles!... Mais
s'il existe jamais une espèce de liaison
entre les âmes, puissions-nous jouir de ce
transport délicat et céleste, le seul que con-
naissent les anges, lorsqu'ils participent
à la gloire de leur éternel créateur !

Puisse-tu jouir, mon Yorick, d'une
félicité non interrompue, jusqu'au moment où l'ange de la mort te transportera
sur ses ailes dans les régions du bonheur !
Adieu.

ELIZA.

LETTRE X.

YORICK A ELIZA.

A qui mon Eliza peut-elle donc s'a-
dresser dans ses peines, qu'à l'ami qui
l'aime bien tendrement... Pourquoi cher-

chez-vous, Eliza, à couvrir de vos excuses
l'emploi chéri que vous me donnez ? Yorick serait offensé , bien justement offensé, si vous chargiez un autre que lui
des commissions qu'il peut faire. J'ai vu
Zumps, et votre piano-forte doit être accordé d'après la moyenne corde de la
basse de votre guitarre, qui est C. J'ai
aussi un petit marteau et une paire de
pincettes pour entrelacer et tendre vos
cordes; puisse chacune d'elles, mon Eliza,
par sa vibration , faire résonner dans
votre âme la plus douce espérance !

J'ai acheté pour vous dix jolis petits
crochets de cuivre... Il y en avait douze;
mais je vous en ai dérobé deux, pour les
mettre dans ma propre cabane à *Con-
would*..... Je n'accrocherai jamais mon
chapeau, jamais je ne le décrocherai sans
songer à vous... J'ai aussi acheté deux
crochets de fer beaucoup plus forts que
ceux de cuivre pour y suspendre vos
globes.

J'écris à M. Abraham Walker, pilote

à Déal, pour lui donner avis que je lui adresse un paquet qui les contient, et je le charge de le faire retirer dès que la voiture de Déal arrivera... Je lui donne aussi la forme du fauteuil qui peut vous être le plus commode, et je le prie d'acheter le plus propre et le mieux fait qui soit dans Déal... Vous recevrez tout cela par le premier bateau qu'il fera partir. Je voudrais pouvoir ainsi, Eliza, prévenir tous tes besoins, satisfaire tous tes désirs; ce serait pour moi une heureuse occupation...

Le journal est comme vous le désirez : il n'y manque plus que les charmantes idées qui doivent le remplir... Pauvre chère femme... modèle de douceur et de patience, je fais bien plus que vous plaindre;... car je perds et ma philosophie et ma fermeté, lorsque je considère vos peines !... Ne croyez pas que j'aie parlé hier au soir trop durement des ***; j'en avais le sujet; d'ailleurs, un bon cœur ne peut en aimer un mauvais... Non, il ne le peut; mais adieu à ce texte désagréable.

Ce matin j'ai fait une visite à mistriss James; elle vous aime bien tendrement : elle est alarmée sur ton compte, Eliza ;... elle dit que tu lui parais plus mélancolique et plus sombre, à mesure que ton départ approche ; elle te plaint ;... je ne manquerai pas de la voir tous les dimanches, tant que je serai en ville...

Comme cette lettre est peut-être la dernière que je t'écrirai, de bon cœur je te dis adieu.... Puisse le Dieu de bonté veiller sur tes jours, et être ton protecteur, maintenant que tu es sans défense ! et, pour ta consolation journalière, grave bien dans ton cœur cette vérité : « Que « quelle que soit la portion de douleur « et de peine qui t'est destinée, elle sera « pleinement compensée dans une égale « mesure de bonheur, par l'être que tu « as si sagement choisi pour ton éternel « ami. »

Adieu, adieu, Eliza! tant que je vivrai, compte sur moi, comme sur le plus

ardent et le plus désintéressé de tes amis
terrestres.

YORICK.

LETTRE XI.

ELIZA A YORICK.

Cher Bramine,

C'EST aujourd'hui le jour de ma naissance.... et j'ai vingt-cinq ans ; mais les
années, lorsqu'elles sont passées, ne pa-
raissent que quelques heures, les momens
de peine sont les seuls que nous comp-
tons ; leur pesanteur nous accable, lentement ils s'écoulent, trop lentement à
notre gré, quoique leur marche constante
nous dérobe une portion de notre existence ; mais que les heures de joie sont
rapides !.... Tous nos plaisirs ne sont que
des songes d'un instant.

Que la rapidité du temps est terrible
pour l'esprit qui se nourrit dans l'incerti-

tude et le vice.... lorsque chaque minute
les dépouille de leur existence bien-aimée
et les entraîne.

Ils ne savent où.... C'est dans le néant,
disent-ils ; mais ce néant même les épou-
vante : telle est la situation du sceptique.

Mais l'aile rapide du temps n'alarme
point cette âme, qui fait de la vertu ses
plus chères délices.... L'homme de bien
marche sans crainte vers l'heure qui doit
le délivrer de sa prison d'argile et des
douleurs de la mortalité.... Le temps lui
paraît un ennemi qui s'oppose à son passage vers les régions célestes du bonheur.

Le temps que j'ai vécu n'est rien ;.... il
ne m'appartient plus ; ... ce n'est qu'un
point gravé sur la mémoire.

Ainsi je dois m'occuper de ce qui me
reste à vivre ; je dois faire jaillir la vertu
de chacun de mes égaremens passés....
Puisse chaque nouveau soleil levant me
voir croître en sagesse, et briller d'une
vertu plus mûre, jusqu'à ce que je sois

jugée digne de cet état qui est la pureté même!

Je courbe ma tête sous le poids de la douleur avec patience et résignation.... Je remercie l'auteur suprême de la nature de ce qu'il m'envoie des avis si utiles.

La vertu vit satisfaite, quoique le ciel soit en courroux : ce courroux annonce un sourire de bonté.... Un jour passé dans les larmes, présage une année de joie; les malheurs nous sont envoyés pour nous corriger, et non pour nous détruire..... Qui sent les pointes d'une heure d'adversité, ne les trouve que des moyens de force pour mieux en surmonter la peine.

Que le ciel bénisse mes amis et mes ennemis, et me donne la paix de l'âme!

ELIZA.

Cette lettre n'a jamais eu de réponse, ou la réponse ne s'est point trouvée.

LETTRE XII.

Yorick a Eliza.

Ma chère Éliza,

Je commence ce matin un nouveau journal, vous pourrez le voir ; car si je n'ai pas le bonheur de vivre jusqu'à votre retour en Angleterre, je vous le laisserai comme un legs.... Mes pages sont mélancoliques.... Mais j'en écrirai d'agréables ; et si je pouvais t'écrire des lettres, elles seraient agréables aussi ; mais bien peu, je doute, pourraient te parvenir : cependant tu recevras de moi quelques lignes à chaque courrier, jusqu'à ce que de ta main tu me fasses un signe pour m'ordonner de ne plus écrire.

Apprends-moi quelle est ta situation, et de quelle sorte de courage le ciel t'a douée ?.... Comment vous êtes-vous arrangée pour le passage ? Tout va-t-il

bien?.... Ecrivez, écrivez - moi .tout.
Comptez de me voir à Déal avec mistriss
James, si vous y êtes retenue par vent
contraire.... En effet, Eliza, je volerais
vers vous s'il se présentait la moindre occasion de vous rendre service ; et même
pour votre seul contentement.

Dieu de grâce et de miséricorde, considère les angoisses d'une pauvre enfant...
donne - lui des forces, protège - la dans
tous les dangers auxquels sa tendre
forme peut être exposée : elle n'a d'autre
protecteur que toi sur un élément dangereux ; que ton bras la soutienne, que ton
esprit la console jusqu'au terme de son
voyage !

J'espère, Eliza, que ma prière est
entendue ; car le firmament paraît me
sourire, tandis que mes yeux s'élèvent
pour toi vers le ciel... Je quitte à l'instant
mistriss James, et j'ai parlé de toi pendant trois heures... elle a votre portrait,
elle le chérit ; mais Mariot et quelques au-

tres bons juges conviennent que le mien
vaut mieux, et qu'il porte l'expression d'un
plus doux caractère.... Mais qu'il est loin
encore de l'original !...Cependant j'avoue
que celui mistriss de James est un portait
fait pour le monde ; et le mien, tout juste
ce qu'il doit être pour plaire à un ami ou
à un philosophe sensible.... Dans le premier, vous paraissez brillante et parée
avec tout l'avantage de la soie, des perles
et de l'hermine.... Dans le mien, simple
comme une vestale, ne vous montrant que
la bonne fille que la nature vous a faite ;
ce qui me paraît moins affecté et m'est
bien plus agréable que de voir mistriss
Draper, le visage animé, et toutes ses
grâces en jeu, allant à une conquête avec
un habit de jour de naissance.

Si je m'en souviens bien, Eliza, vous
fîtes des efforts peu communs pour ras-
sembler sur votre visage tous les charmes
de votre personne, le jour que vous vous
fîtes peindre pour mistriss James : vos cou-
leurs étaient brillantes, vos yeux avaient

plus d'éclat qu'ils n'en ont ordinairement... je vous priai d'être simple et sans
parure, lorsque vous vous feriez peindre
pour moi.... sachant bien, comme je vous
voyais sans prévention, que vous ne pouviez tirer aucun avantage de l'aide du ver
à soie, ni du secours du bijoutier...

Laissez-moi vous répéter une vérité que
vous m'avez déjà, je crois, entendu dire...
La première fois que je vous vis, je vous
regardai comme un objet de compassion,
et comme une femme bien ordinaire. L'ar-
rangement de votre parure, quoique de
mode, vous allait mal et vous défigurait...
mais rien ne peut vous défigurer davantage, que de vouloir vous faire admirer et
paraître jolie.... Non, vous n'êtes pas
jolie, Eliza, et votre visage n'est pas fait
de manière à plaire à la dixième partie de
ceux qui le regardent.... mais vous avez
quelque chose de plus que la beauté; et
je ne crains pas de vous dire que je n'ai
jamais vu une figure si intelligente, si
bonne, si sensible; et il n'y eut et n'y

aura jamais dans votre compagnie, pendant trois heures, un homme tendre et *sentimental*, qui né soit ou ne devienne votre admirateur ou votre ami; bien entendu que vous ne preniez aucun caractère étranger au vôtre, et que vous paraissiez la créature simple et sans art que la nature veut que vous soyez. Vous avez dans vos yeux et dans votre voix quelque chose de plus touchant, de plus persuasif qu'aucune autre femme que j'aie vue, ou dont j'aie entendu parler.... mais ce degré de perfection inexprimable et ravissant ne peut toucher que les hommes de la plus délicate sensibilité.

Si votre mari était en Angleterre, et si l'argent pouvait m'acheter cette grâce, je lui donnerais de bon cœur cinq cents livres, pour vous laisser assise auprès de moi deux heures par jour, tandis que j'écrirais mon voyage sentimental; je suis sûr que l'ouvrage en serait meilleur, et que je serais remboursé plus de sept fois de ma somme...

Je ne donnerais pas neuf sous de votre
portrait, tel que les Newhams l'on fait
exécuter... c'est la ressemblance d'une
franche coquette; vos yeux, et votre visage du plus parfait ovale que j'aie jamais vu, qui par leur perfection doivent
frapper l'homme le plus indifférent, parce
qu'ils sont vraiment plus beaux que tous
ceux que j'ai vus dans mes voyages, sont
entièrement défigurés, les premiers par
leurs regards affectés, et le visage par
son étrange physionomie et l'attitude de
la tête; ce qui est une preuve du peu de
goût de l'artiste ou de votre ami.

Les ***, qui justifient le caractère que
je leur ai donné une fois, d'être aussi te-
naces que la poix ou la glu, ont envoyé
une carte à Mitriss ***, pour lui apprendre qu'ils iraient chez elle vendredi... Elle
leur a fait dire qu'elle était engagée... Second message pour l'inviter à se trouver
le soir à Ranelagh. Elle a fait répondre
qu'elle ne pouvait pas s'y rendre... Elle
pense que si elle leur laisse prendre le

moindre pied chez elle, elle ne pourra
jamais se défaire de leur connaissance, et
elle a résolu de rompre avec eux tout à-
la-fois. Elle les connaît ; elle sait bien
qu'ils ne sont ni ses amis ni les vôtres, et
que le premier usage qu'ils feraient de
leur entrée chez elle serait de vous sacri-
fier, s'ils le pouvaient, une seconde fois.

Ne permets pas, chère Eliza, qu'elle
soit plus ardente pour tes propres intérêts
que tu ne l'es pour toi-même. Elle me
charge de vous réitérer la prière que je
vous ai faite de ne pas leur écrire. Vous
lui causerez, et à votre Bramine, une
peine inexprimable. Sois assurée qu'elle a
un juste sujet de l'exiger ; j'ai mes raisons
aussi : la première e st que je serais onne
peut pas plus fâché si Eliza manquait de
cette force d'âme que Yorick a tâché de
lui inspirer.

J'avais promis de ne plus prononcer
leur nom désagréable ; et si je n'en avais
reçu l'ordre exprès de la part d'une ten-

dre femme qui vous est attachée, et qui
vous aime, je n'aurais pas manqué à ma
parole. Je t'écrirai demain encore, à toi,
la meilleure et la plus aimable des femmes.
Je te souhaite une nuit paisible; mon esprit ne te quittera point pendant ton sommeil. Adieu.

LETTRE XIII.

Eliza a Yorick.

Laissez-moi voir votre journal.... en-
voyez-le moi avant que je quitte l'Angleterre.... et loin, bien loin soit le temps
où vous pourriez me le laisser comme un
legs!.... Je serai heureuse en lisant vos
douloureuses pages : elles humanisent le
cœur.

Je sens comme vous avez senti, lorsque je lis ce que vous écrivez.... et c'est
sentir avec la sensibilité la plus délicate.

La sympathie de sentiment nous donne

les plus grands plaisirs.... De telles douleurs sont des douleurs désirables.... Lorsque votre plume fera monter les larmes
dans mes yeux, et les forcera de couler,
lorsqu'elle fera mon cœur sangloter.... je
dirai : ici mon Bramine a pleuré.... Lorsqu'il écrivit ce passage, son cœur était
ému.... Que je puisse saisir la douce contagion de chaque mot émané du cœur,
et mouiller de nouveau la feuille déjà humide !

Ensuite j'aurai pour moi les épanche-
mens agréables de ton imagination.... je
me réjouirai dans les brillantes saillies de
ton esprit ; ton humeur inimitable cal-
mera le trouble pathétique de mon cœur...
l'épaisse larme ne tremblera plus long-
temps dans mon œil.... la tendre angoisse
ne pesera plus sur mon âme.... Yorick dis-
sipera les douleurs que le Bramine aura
causées.

Cette lecture délicieuse répandra la
plus douce influence sur les heures en-
nuyeuses de mon passage.... et, par le se-

cours de mon Yorick, j'imaginerai que l'Inde est la moitié moins éloignée de l'Angleterre qu'elle ne l'est réellement.

Vous me promettez quelque chose d'obligeant et de tendre à chaque poste..... Eh bien! soyez sûr que jamais ma main ne fera un signe pour rendre le messager muet.

Je suis beaucoup, beaucoup mieux ; et, Dieu merci, je sens en moi un courage qui me rend digne d'être votre disciple et votre amie.

Mon logement est supportable.... je ne saurais m'en plaindre.

Vous pourrez donc venir à Déal avec les James, si je suis retenue par les vents contraires.

Chaque jour, depuis votre lettre, j'ai prié le ciel d'intéresser en ma faveur les élémens, afin que je puisse jouir encore une fois de la vue de mes amis.

Ainsi, tandis que le capitaine, les matelots et les autres passagers sollicitent

un vent favorable, je m'oppose secrète-
ment à leur prière, et j'importune le ciel
pour qu'il retienne notre vaisseau dans le
port.

Je ne donnerai point mon opinion sur
mes différens portraits, dans les diverses
attitudes demandées par mes amis... Je me
fis peindre pour les obliger... et je res-
pecte leurs divers jugemens.

Mais ils peuvent être assurés que, tel
que soit le portrait, l'original leur est
dévoué.

Lorsque je songe à l'amitié distinguée
que vous avez pour moi, et que je réfléchis sur cette pureté d'âme avec laquelle
vous embrassez mes intérêts les plus simples, je ne puis que me glorifier dans le
compliment que je reçois de vous... « Vous
n'êtes point jolie, Eliza.... » Que je suis
heureuse de devoir votre affection au pur
sentiment, et non à la beauté qui passe
et se flétrit !

Ce compliment est le plus flatteur que

j'aie jamais reçu, et que je désire de recevoir.... il n'est pas composé de ces lieux
communs dont on se sert dans le monde,
ni adressé à quelques traits plus ou moins
jolis d'un visage... C'est un éloge général
fait pour la personne entière... fait pour
le cœur.

Cependant je ne dois pas avoir la vanité
de le croire vrai dans toute son étendue....
Vous me peignez avec la prévention d'un
ami, et quelque partialité pour mes défauts.

Je veux néanmoins relire souvent un
portrait, quelque flatté qu'il soit, que
votre main a tracé... Persuadée que c'est
ainsi que vous voulez que je sois... je ferai
mes efforts pour atteindre à cette beauté
de coloris, et à cette perfection, autant
que mes facultés pourront me le per-
mettre.

Vous me parlez de mon mari : ce nom
m'est cher, et j'ai senti tout mon sang re-
fluer vers mon cœur. Toutes mes pensées

ont été tournées vers l'Inde.... J'ai soupiré
sur la distance... et je voudrais effacer tout
ce que j'ai dit dans la première partie de
ma lettre.

Mais pourquoi l'effacerais-je ?.... Ose-
rais-je toucher à un seul mot, à l'expression du moindre sentiment? L'amour
et l'amitié ne sont-ils pas également sa-
crés ?... Apprends, Eliza, à les conserver
dans toute leur pureté... Rends-toi digne
d'un tel mari... d'un tel ami.

Oui, mon Yorick, mon mari t'accor-
derait ma compagnie, si elle pouvait servir au progrès de ton ouvrage.... il ne
voudrait pas priver les hommes de l'avan-
cement et du plaisir que tu peux leur
procurer.

Ne me parlez plus des ***; je cède à
votre zèle... Que ne voudrais-je pas ac-
corder à votre amitié?... Mais quittons ce
sujet ingrat; je ne veux plus m'en occuper
ni leur écrire.

J'attends avec impatience la lettre qui
m'est promise pour demain.

Adieu ; le meilleur des hommes, l'ami
le plus sincère.... Que le ciel veille sur tes
loisirs, tes heures de retraite et de travail ! Adieu.

A huit heures du matin.

LETTRE XIV.

ELIZA A YORICK.

Mon Bramine,

J'AI reçu le paquet..... Vous avez pris
beaucoup de peine.... et mon cœur est pénétré de reconnaissance.

Le vaisseau dans lequel je dois faire
mon trajet, est fort propre ; ma cabine est
petite, mais commode.... On doit la peindre en blanc.... ainsi il me faut débarquer
et chercher à terre un logement.

A chaque courrier, j'attends de mon
Bramine quelques lignes de tendresse et
d'amitié.

Puisse le ciel veiller sur votre santé, pour le bien de l'espèce humaine, et le bonheur d'Eliza! Adieu.

LETTRE XV.

Eliza a Yorick.

Obligeant Yorick,

C'est un grand bonheur pour moi que miss Light s'embarque dans notre navire... je n'ai rien vu de plus aimable et de plus doux que cette jeune dame.... et sa compagnie me devient tous les jours plus chère.

Nous avons aussi un militaire au service de la compagnie.... Il vint hier, sans cérémonie et sans être invité, prendre le thé avec nous.... Je crus ne devoir montrer aucun ressentiment... mais je le raillai un peu sur sa hardiesse, en lui disant que c'était sans doute une des qualités les plus utiles à un soldat.

Il s'est excusé sur son impolitesse, sans cependant en faire l'aveu de bonne grâce.

Il me paraît épris de miss Light, et je ne doute point qu'avant quinze jours de trajet, il ne soit très-amoureux d'elle.

Les autres passagers sont tous gens aimables, et les officiers se conduisent avec beaucoup de décence et de politesse.

Mon Yorick.... mon cher ami, partagez mes pensées avec celui à qui je suis liée par le devoir.... Ne m'oubliez pas dans vos prières.... Occupez-vous d'Eliza pendant la veille, et laissez-moi, comme une ombre chère, chanter votre imagination pendant votre sommeil..... Je suis toute à vous. Adieu, adieu.

ELIZA.

P. S. Comme mon séjour ici ne sera pas long, saisissez toutes les occasions de m'écrire... Adieu.

LETTRE XVI.

YORICK A ELISA.

Vous ne pouviez pas, Eliza, vous conduire autrement à l'égard du jeune officier. Il était contre toute politesse, je dis
même contre l'humanité, de lui fermer
votre porte. Il est donc susceptible, Eliza,
d'une tendre impression, et, avant qu'il
soit quinze jours, tu crois qu'il sera éperdument amoureux de miss Light !... Oh !
je crois, moi, et il est mille fois plus pro-
bable, que c'est de toi qu'il est amoureux,
parce que tu es mille fois plus aimable...
Cinq mois avec Eliza, et dans le même
lieu, et un jeune officier !... tout sert mon
opinion...

Le soleil, s'il pouvait s'en défendre, ne
voudrait point éclairer les murs d'une prison ; mais ses rayons sont si purs, Eliza,
si célestes, que je n'ai jamais entendu
dire qu'ils fussent souillés pour cela. Il

en sera de même des tiens, mon enfant
chéri, dans cette situation et dans toutes
celles où tu seras exposée, jusqu'à ce que
tu sois fixée pour ta vie... mais ta discré-
tion, ta prudence, la voix de l'honneur,
l'âme d'Yorick et ton âme te donneront
les plus sages conseils.

On arrange donc tout pour le départ!..
mais ne peut-on pas nettoyer et laver votre cabine sans la peindre? La peinture
est trop dangereuse pour vos nerfs; elle
vous tiendra trop long-temps hors de votre appartement, où j'espère que vous
passerez plusieurs momens heureux.

Je crains que les meilleurs de vos con-
tre-maîtres ne le soient que par comparaison avec le reste des matelots... Il en fut
ainsi des... vous savez de qui je veux parler, parce que votre prudence fut en défaut lorsque... mais je ne veux pas vous
mortifier. S'ils se conduisent décemment,
et s'ils sont réservés, c'est assez, et autant
que vous pouvez en attendre. Tu mau-

queras de secours et de bons avis ; et il est nécessaire que tu les ayes... Garde-toi seulement des intimités ; les bons cœurs sont ouverts, ils sont faciles à surprendre... Que le ciel te donne du courage dans toutes les terribles épreuves auxquelles il te met!...

Tu es le meilleur de ses ouvrages....... Adieu, aime-moi, je t'en prie, et ne m'oublie jamais. Je suis, mon Eliza, et serai pour la vie, dans le sens le plus étendu de ce mot,

Ton ami, YORICK.

P. S. Vous aurez peut-être l'occasion de m'écrire du Cap-Vert, par quelque vaisseau hollandais ou français.... De manière ou d'autre, votre lettre me parviendra sans doute.

LETTRE XVII.

YORICK A ELIZA.

Ma chère Eliza,

Oh! je suis bien inquiet sur votre cabine.... La couleur fraîche ne peut que
faire du mal à vos nerfs; rien n'est si nui-
sible en général que le blanc de plomb...
Prenez soin de votre santé, mon enfant,
et de long-temps ne dormez pas dans
cette chambre; il y en aurait assez pour
que vous fussiez attaquée d'épilepsie.

J'espère que vous avez quitté le vaisseau, et que mes lettres vous rencontre-
ront sur la route de Déal, courant la
poste.... Lorsque vous les aurez toutes
reçues, ma chère Eliza, mettez-les en ordre.... Les huit ou neuf premières ont
leur numéro; mais les autres n'en ont
point. Tu pourras les arranger en suivant
l'heure ou le jour. J'ai n'ai presque jamais

manqué del es dater. Lorsqu'elles seront
rassemblées dans une suite chronologi-
que, il faut les coudre et les mettre sous
une enveloppe. Je me flatte qu'elles seront ton refuge, et que tu daigneras les
lire et les consulter, lorsque tu seras fati-
guée des vains propos de vos passagers...
Alors tu te retireras dans ta cabine pour
converser une heure avec elles et avec
moi.

Je n'ai pas eu le cœur ni la force de
les animer d'un simple trait d'esprit ou
d'enjouement; mais elles renferment quelque chose de mieux, et, ce que vous sen-
tirez aussi bien que moi, de plus conve-
nable à votre situation... beaucoup d'avis
et quelques vérités utiles...... Je me flatte
que vous y apercevrez aussi les touches
simples et naturelles d'un cœur honnête,
bien plus expressives que des phrases ar-
tistement arrangées.... Ces lettres, telles
qu'elles sont, te donneront une plus
grande confiance en Yorick, que n'aurait pule faire l'éloquence la plus re-

(180)

cherchée.... Repose-toi donc entièrement, Eliza, sur elles et sur moi.

Que la pauvreté, la douleur et la honte soient mon partage, si je te donne jamais lieu, Eliza, de te repentir d'avoir fait ma connaissance!...

D'après cette protestation, que je fais en présence d'un Dieu juste, je le prie de m'être aussi bon dans ses grâces, que j'ai été pour toi honnête et délicat....... Je ne voudrais pas te tromper, Eliza; je ne voudrais pas te ternir dans l'opinion du dernier des hommes, pour la plus riche couronne du plus fier des monarques.

Souvenez-vous que tant que j'aurai la plus chétive existence, que tant que je respirerai, tout ce qui est à moi, vous pouvez le regarder comme à vous..... Je serais cependant fâché, pour ne point blesser votre délicatesse, que mon amitié eût besoin d'un pareil témoignage.... L'argent et ceux qui le comptent ont le même but dans mon opinion, celui de dominer.

2. 16.

J'espère que tu répondras à cette lettre ; mais si tu en es empêchée par les élémens qui t'entraînent loin de moi, j'en écrirai une pour toi ; je la ferai telle que tu l'aurais écrite, et je la regarderai comme venue de mon Éliza.

Que l'honneur, le bonheur, la santé et les consolations de toute espèce fassent voile avec toi !.... O la plus digne des femmes ! je vivrai pour toi et ma Lydia.... Deviens riche pour les chers enfans de mon adoption. Acquiers de la prudence, de la réputation et du bonheur, s'il peut s'acquérir, pour le partager avec eux, et eux avec toi,.... pour le partager avec ma Lydia, pour la consolation de mon vieil âge......

Une fois pour toujours, adieu.... Conserve ta santé, poursuis constamment le but que nous nous sommes proposé, la vertu et l'amour;.... et ne te laisse point dépouiller de ces facultés que le ciel t'a données pour ton bien-être.

Que puis-je ajouter de plus dans l'agitation d'esprit où je me trouve?... et déjà cinq minutes se sont écoulées depuis le dernier coup de cloche de l'homme de la poste.... Que puis-je ajouter de plus ?.... que de te recommander au ciel, et de me recommander au ciel avec toi dans la même prière.... dans la plus fervente des prières ... afin que nous puissions être heureux, et nous rencontrer encore, sinon dans cette vie, au moins dans l'autre......

Adieu...., je suis à toi, Éliza, à toi pour jamais : compte sur l'amitié tendre et durable

D'YORICK.

LETTRE XVIII.

ELIZA A YORICK.

Mon Yorick,

J'ESPÈRE que vos craintes sur ma santé et la couleur fraîche de ma cabine sont

maintenant dissipées...... Mais, puisque
telle est la volonté d'Yorick,.... je pro-
mets de prendre soin de ma santé, un
soin particulier, et pour l'amour de lui.

J'ai reçu vos lettres avec une satisfaction
de cœur peu commune... Je les ai reçues,
et arrangées dans l'ordre que vous m'avez
prescrit... cet ordre n'était pas difficile à
trouver, les dates m'ont servi dès que les
numéros ont manqué.

Je les ai mises sous un couvert..... Je les
porterai sur mon cœur;... elles seront, en
effet, pour moi, un tendre asile.... Mes
tendres et silencieux amis ... je les lirai
avec attendrissement.,... je les consulterai,
je leur obéirai.... Je les ai déjà amoncelées
comme un trésor dans ma mémoire, et
j'en éprouve les effets bienfaisans.

Ont-elles besoin d'autre âme que celle
du sentiment et de la vérité? Ton cœur
honnête et sensible s'y montre à chaque
ligne, et les rend vivantes de sensibilité...
La mienne renaît à chaque phrase, et

sympathise avec ton âme.... Je me joins
avec une égale sincérité à ta protestation,
et j'implore du ciel la même colère, si ma
candeur n'a pas été égale à la tienne.

Si je suis entraînée par les élémens qui
me dérobent à mes amis, vous écrirez une
lettre pour moi, et vous la regarderez
comme venue de moi.

Écris, mon Yorick..... écris lorsque
j'aurai quitté ce rivage !... lorsque je
lutterai contre les vagues incertaines de
ce fier élément...... lorsque j'aurai perdu
de vue les côtes blanchâtres de la terre
qui te porte, terre heureuse par ta naissance.... écris une lettre pour ton Eliza....
Que ton imagination s'exerce dans sa plus
grande étendue.... Imagine tout ce qui est
tendre et obligeant, honnête et délicat....
l'affection la plus vive et la plus tendre,
et ne crois pas que les pouvoirs de ton
âme puissent surpasser dans leur expression les sentimens qui sont dans mon
cœur.

Vous priez le ciel qu'il nous rende heureux, et nous fasse rencontrer encore dans ce monde ou dans l'autre.

Je donne plus d'étendue à votre prière..... Puissions-nous nous revoir encore sur cette terre, et après dans le séjour céleste !

ELIZA.

LETTRE XIX.

YORICK A ELIZA.

Ah ! plût à Dieu qu'il vous fût possible, mon Eliza, de différer d'une année votre voyage dans les Indes !... car je suis assuré dans mon cœur que ton mari n'a jamais pu fixer un temps si précis pour ton départ.

Je crains que M. B*** n'ait un peu exagéré... je n'aime plus cet homme; son aspect me tue.... Si quelque mal allait t'arriver, de quoi n'aurait-il pas à répondre ? J'ignore quel est au monde l'être qui méritât plus de pitié, ou que je pourrais haïr davantage... Il serait un monstre à mes yeux !.... Oh! plus qu'un monstre..... Mais, Eliza, compte sur moi; que l'idée de tes enfans ne soit pas un souci de plus pour toi..... Je serai le père de tes enfans.

Mais, Eliza, si tu es si malade encore.... songe à ne retourner dans l'Inde que dans un an... Écrivez à votre mari ;... exposez-lui la vérité de votre situation.... S'il est l'homme généreux et tendre que vous m'avez annoncé en lui,... je crois qu'il sera le premier à louer votre conduite. On m'a dit que toute sa répugnance pour vous laisser vivre en Angleterre, ne provient que de l'idée qu'il a malheureusement conçue que vous pourriez faire des dettes à son insu, qu'il serait obligé de payer.... Quelle crainte !... Est-il possible qu'une créature aussi céleste que vous l'êtes, soit sacrifiée à quelques cents livres de plus ou de moins?... Misérables considérations!... O mon Eliza! si je le pouvais décemment, je voudrais le dédommager

jusqu'au moindre sou de toute la dépense
que tu as pu lui causer!... Avec joie, je
lui céderais les moyens que j'ai de subsis-
ter... J'engagerais mes bénéfices, et ne me
réserverais que les trésors dont le ciel a
fourni ma tête pour ma subsistance fu-
ture.

Vous devez beaucoup, je l'avoue, à
votre mari.... Vous devez quelque chose
aux apparences et à l'opinion des hommes ;
mais, Eliza, croyez-moi, vous devez bien
autant à vous-même.... Quittez Déal et la
mer, si vous continuez d'être malade ; je
serai gratuitement votre médecin.... Vous
ne seriez pas la première de votre sexe que
j'aurais traitée avec succès....

Je ferai venir ma femme et ma fille ;
elles pourront vous conduire, et chercher
avec vous la santé à Montpellier, aux
eaux de Barrège, à Spa, partout où vous
voudrez.... Elles suivront tes directions,
Eliza, et tu pourras faire des parties de
plaisir dans tel coin du monde où ta fan-
taisie voudra te mener....Nous irons pê-

cher ensemble sur les bords de l'Arno ;
nous nous égarerons dans les rians et fleu-
ris labyrinthes de ses vallées ; et alors tu
pourras, comme je l'ai déjà entendu une
ou deux fois, de ta voix douce et flexible,
nous chanter : *je suis perdue, je suis
perdue ;...* mais nous te retrouverons,
mon Eliza.

Vous rappelez-vous l'ordonannce de
votre médecin ?... Je m'en souviens bien,
elle était telle que la mienne.... « Faites
« un exercice modéré ; allez respirer l'air
« pur du midi de la France, ou celui
« encore plus doux du pays de Naples....
« Associez-vous pour la route quelques
« amis honnêtes et tendres.... » Homme
sensible ! il pénétrait dans vos pensées ;....
il savait combien la médecine serait trom-
peuse et vaine pour une femme dont le
mal n'a pris sa source que dans les afflictions de l'âme. Je crains bien, chère Eliza,
que vous ne deviez avoir confiance qu'au
temps seul : puisse-t-il vous donner la
santé, à vous qui méritez les faveurs de la

charmante déesse, par vos vœux enthou-
siastes envers elle !

Je vous révère, Eliza, pour avoir gardé
dans le secret certaines choses qui, dé-
voilées, auraient fait votre éloge.... Il y
a une certaine dignité dans la vénérable
affliction, qui refuse d'appeler à elle la
consolation et la pitié.... Vous avez très-
bien soutenu ce caractère, et je commence à croire, amie aimable et philosophe, que vous avez autant de vertus que
la veuve de mon oncle Tobie. Mon intention n'est pas d'insinuer par-là que mon
opinion n'est pas mieux fondée que la
sienne le fut sur celles de madame
Wadman; et je ne crois pas possible à
un *Trim* de me convaincre qu'elle est
également en défaut; je suis sûr que tant
qu'il me restera une ombre de raison,
cela ne sera pas.

En parlant de veuves,.... je vous en
prie, Eliza, si vous l'êtes jamais, ne songez
pas à vous donner à quelque riche nabab,.... parce que j'ai dessein de vous

épouser. Ma femme ne peut vivre long-
temps ; elle a déjà parcouru en vain toutes
les provinces de France , et je ne connais
pas de femme que j'aimasse mieux que
vous pour la remplacer.... Il est vrai que
ma constitution me rend vieux de plus de
quatre - vingt - quinze ans , et vous n'en
avez que vingt-cinq.... La différence est
grande ; mais je tâcherai de compenser le
défaut de jeunesse par l'esprit et la bonne
humeur.... Swift n'aima jamais sa Stella ,
Scarron sa Maintenon , ou Waller sa Sa-
charissa , comme je voudrais t'aimer et te
chanter , ô femme de mon choix ! tous ces
noms, quelque fameux qu'ils soient , dis-
paraîtraient devant le tien, Eliza... Man-
dez-moi que vous approuvez ma proposi-
tion , et que, semblable à cette maîtresse
dont parle *le Spectateur,* vous aimeriez
mieux chausser la pantoufle d'un vieux
homme, que de vous unir au gai et jeune
voluptueux.... Adieu ma Simplicia ,

Je suis tout à vous ,

TRISTRAM.

LETTRE XX.

ELIZA A YORICK.

Mon tendre Tristram,

JE voudrais faire pour vous toutce qui
dépendrait de moi, tout ce qui serait ren-
fermé dans les bornes de mon devoir....
mais il m'est impossible de différer mon
voyage... Les ordres que j'ai reçus sont
irrévocables, et je dois me soumettre.

M. B.... n'exagère rien; je me trouve
beaucoup mieux; et mes enfans, je l'espère, ne seront pas orphelins; mais je
vous remercie de votre générosité... Je
suis sensible, autant qu'on peut l'être, à
l'élan de votre âme en leur faveur.

L'on vous a trompé sur le caractère de
mon mari... il n'est pas si parcimonieux
que vous l'imaginez; et, s'il ne s'agissait
que de la dépense, je pourrais respirer
long-temps encore l'air de l'Europe... Des

considérations plus tendres le forcent de presser mon retour dans l'Inde.... Soyez sûr que je ne suis pas sacrifiée à des vues d'intérêt.

Vous avouez que je dois beaucoup à mon mari... je ne suis que les suggestions de mon devoir, pour acquitter cette dette... la dette la plus sacrée que je connaisse, et contractée de la manière la plus solennelle.

J'avoue que quelque égard que l'on doive à l'opinion publique... les apparences et cette opinion respectable me retiendraient bien peu, si les circonstances me permettaient de quitter Déal pour aller rendre ce que je dois à l'amitié.

Vous serez toujours mon médecin, mais non pour la santé du corps. Abandonnez ce soin à ceux qui en font leur occupation... Laissez-leur faire leurs observations et leurs prétendues recherches pour s'engraisser des angoisses et des tourmens d'un pauvre malade.... Que mon Yorick

prenne pour lui la noble tâche de pres-
crire des ordonnances pour mon esprit,
et de guérir les maux de l'âme... C'est un
emploi dans lequel on ne peut l'égaler,
et auquel le ciel semble l'avoir particuliè-
rement destiné, en lui donnant la faculté
d'amollir et de fondre la dureté et l'insen-
sibilité du monde corrompu.

Que ta fille et ta femme soient mieux
occupées qu'à promener les douleurs de
ton Indienne !... Puissent-elles partager
long-temps ton bonheur domestique ! Si
elles sentent comme je sens, elles regardent sans doute comme chose facile et
agréable, tout ce qui peut te consoler et
te plaire.

Je ne puis plus être de l'avis des médecins, quant au changement d'air et du
lieu... Je l'ai essayé sans succès d'un bout
du globe à l'autre bout... Si leur remède
était bon, l'air de l'Angleterre et ta conversation auraient eu plus d'effet que l'air
de France ou de Naples ; mais il m'est im-

possible d'habiter ces lieux-ci plus long-temps.

Les peines de l'âme, produites par une trop grande sensibilité, et une bien faible constitution.... voilà, je crois, un ensemble auquel les observations des plus habiles médecins tenteraient en vain de remédier.

Si je dois exciter la compassion de quelqu'un, que ce soit la tienne... cependant je ne voudrais pas que tu puisses jamais sentir de la pitié pour rien.

Ton cœur est si bon, si tendre, que si tu avais sujet de plaindre quelqu'un, je suis sûre que ton âme serait bien plus affectée que celle de l'objet de ta sensibilité.... Je voudrais qu'il n'y eût que les cœurs de pierre qui pussent avoir de la pitié, et ils en sont incapables.

Votre gaîté ne vous abandonne point... Vous me demandez, si jamais je deviens veuve, le ciel éloigne cet instant! si je donnerai ma main à quelque riche nabab.

Je crois que je ne donnerai jamais plus ma main..... parce que je crains que mon cœur ne puisse aller avec elle... mais quant aux nababs, je les méprise tous.

Ces âmes, qui se sont baignées dans le sang , pour acquérir d'immenses richesses ou du pouvoir, ont-elles quelque rapport avec l'âme d'Eliza ?.... La sensible Indienne d'Yorick peut-elle supporter l'idée d'aucune espèce d'union avec les meurtriers de ses frères ?..... Non.... que plutôt la honte et la misère soient mon partage.

Je méprise les richesses, comme la source commune et funeste du luxe et de l'orgueil.... L'or n'est utile et bon que dans les mains de la vertu, lorsqu'elle les étend pour soulager les malheureux... ou lorsque l'humanité, d'un œil tendre et inquiet, cherche la cabane du pauvre , pour y verser son superflu, pour ordonner à la larme qui tremble dans l'œil de la douleur, de se changer en expression

de joie et de couler le long d'une joue
qui commence à sourire de reconnaissance.

Oui, mon Bramine, si j'étais veuve....
et si tu étais libre, je crois que je te donnerais ma main de préférence à aucun
homme vivant.... Je m'unirais à ton âme...
Je m'unirais à mon ami, à mon bon génie.

Eh ! qu'importe la différence des années ? l'âme qui marche vers l'immorta-
lité est toujours jeune ; et ton âme, j'en
suis sûre, a plus de vigueur que celle du
commun des hommes.

Un grand poëte a dit : *

« On ne peut assigner de cause certaine
« à l'amour : ce rapport n'existe pas sur
« le visage, mais dans l'âme des amans. »
Rapsodie à part... J'espère que mistriss
St... ne survivra pas à ce beau projet d'u-
nion. Vous dites qu'elle n'a plus rien à

* Dryden.

espérer des provinces de France... Tant mieux... Elle obtiendra la santé de son air natal à bien meilleur marché.

Cependant ton âge ne serait point un obstacle à notre union, et le soin de délier ta pantoufle me serait plus agréable que les attentions que pourrait avoir pour moi un jeune homme ardent et volage : mais je ne veux point que mistriss St... puisse voir tout ceci..... pour l'amour de ta paix domestique.

Je quitte la plaisanterie... et je suis bien sincèrement, bien sérieusement, avec la plus grande pureté d'affection, ton immuable

ELIZA.

P. S. Mon cœur battra d'impatience pour une réponse.... Soyez prompt à calmer ses battemens.

LETTRE XXI.

YORICK A ELIZA.

Ma chère Eliza ,

J'ai été sur le seuil des portes de la mort... Je n'étais pas bien la dernière fois que je vous écrivis, et je craignais ce qui m'est arrivé en effet ; car dix minutes après que j'eus envoyé ma lettre, cette pauvre et maigre figure d'Yorick fut prête à quitter le monde. Il se rompit un vaisseau dans ma poitrine , et le sang n'a pu être arrêté que ce matin vers les quatre heures ; tes beaux mouchoirs des Indes en sont tout remplis... Il venait, je crois, de mon cœur... Je me suis endormi de faiblesse.... A six heures je me suis éveillé, ma chemise était trempée de larmes. Je songeais que j'étais indolemment assis sur un sofa, que tu étais entrée dans ma chambre avec un suaire dans ta main, et que

tu m'as dit :... « Ton esprit a volé vers
« moi dans les dunes, pour me donner
« des nouvelles de ton sort ; je viens te
« rendre le dernier devoir que tu pouvais
« attendre de mon affection filiale, rece-
« voir ta bénédiction et le dernier souffle
« de ta vie... » Après cela tu m'as enveloppé du suaire ; tu étais à mes pieds pros-
ternée ; tu me suppliais de te bénir. Je me
réveille ; dans quelle situation, bon Dieu !
mais tu compteras mes larmes ; tu les met-
tras toutes dans un vase... Chère Eliza, je
te vois, tu es pour toujours présente à
mon imagination, embrassant mes faibles
genoux, élevant sur moi tes beaux yeux,
pour m'exhorter à la patience et me consoler ; toutes les fois que je parle à Lydia,
les mots d'Esaü, tels que tu les as pronon-
cés, résonnent sans cesse à mon oreille...
« Bénissez-moi donc aussi, mon père... »
Que la bénédiction céleste soit ton éternel partage, ô précieuse fille de mon
cœur !

Mon sang est parfaitement arrêté, et je

sens renaître en moi la vigueur, principe de la vie. Ainsi, mon Eliza, ne sois point alarmée..... Je suis bien, fort bien... J'ai déjeûné avec appétit, et je t'écris avec un plaisir qui naît du prohétique pressentiment que tout finira à la satisfaction de nos cœurs.

Jouis d'une consolation durable dans cette pensée que tu as si délicatement exprimée, que le meilleur des êtres ne peut combiner une telle suite d'événemens, purement dans l'intention de rendre misérable pour la vie sa créature affligée ! L'observation est juste, bonne et bien appliquée... Je souhaite que ma mémoire en justifie l'expression...

Eliza, qui vous apprit à écrire d'une manière si touchante ?... Vous en avez fait un art dans sa perfection... Lorsque je manquerai d'argent, et que la mauvaise santé ne permettra plus à mon génie de s'exercer... je pourrai faire imprimer vos lettres, comme *les essais d'une infortunée Indienne*... Le style en est neuf, et

seul il serait une forte recommandation
pour leur débit; mais leur tournure agréable et facile, les pensées délicates qu'elles
renferment, la douce mélancolie qu'elles
produisent, ne peuvent être égalées, je
crois, dans cette section du globe, ni
même, j'ose dire, par aucune femme de
vos compatriotes...

J'ai montré votre lettre à mistriss B....
et à plus de la moitié de nos littérateurs...
Vous ne devez point m'en vouloir pour
cela, parce que je n'ai voulu que vous
faire honneur en cela... Vous ne sauriez
imaginer combien vos productions épis-
tolaires vous ont fait d'admirateurs qui
n'avaient pas encore fait attention à votre mérite extérieur. Je suis toujours surpris, quand je songe comment tu as pu
acquérir tant de grâces, tant de bonté et
de perfection... Si attachée, si tendre, si
bien élevée!... Oh! la nature s'est occupée
de toi avec un soin particulier; car tu es,
et ce n'est pas seulement à mes yeux, et le
meilleur et le plus beau de ses ouvrages.

Voici donc la dernière lettre que tu dois recevoir de moi; j'apprends par les papiers publics que le comte de Chatham est entré dans les dunes, et je crois que le vent est favorable... Si cela est, femme céleste, reçois mon dernier adieu... Chéris ma mémoire... Tu sais combien je t'estime, et avec quelle affection je t'aime, de quel prix tu m'es. Adieu... et, avec mon adieu, laisse-moi te donner encore une règle de conduite, que tu as entendu sortir de mes lèvres sous plus de mille formes; mais je la renferme dans ce seul mot :

RESPECTE-TOI !

Adieu encore une fois, Eliza! qu'aucune peine de cœur ne vienne placer une ride sur ton visage, jusqu'à ce que je puisse te revoir; que l'incertitude ne trouble jamais la sérénité de ton âme, ou ne réveille une penible pensée au sujet de tes enfans.... car ils sont ceux d'Yorick...

et Yorick est ton ami pour toujours.
Adieu , adieu , adieu.

P. S. Rappelle - toi que l'espérance
abrège et adoucit toutes les peines......
Ainsi , tous les matins , à ton lever ,
chante , je t'en prie , chante avec la ferveur dont tu chanterais une hymne , mon
Ode à l'Espérance , et tu t'asseyeras à la
table de ton déjeûner avec moins de tris-
tesse.

Que le bonheur , le repos et *Hygée* te
suivent dans ton voyage ! puisses - tu revenir bientôt avec la paix et l'abondance,
pour éclairer les ténèbres dans lesquelles
je vais passer mes jours ! je suis le dernier à déplorer ta perte ; que je sois le
premier à te féliciter sur ton retour !

Porte-toi bien !

LETTRE XXII ET DERNIÈRE.

ELIZA A YORICK.

Mon Bramine,

CETTE lettre est la dernière que tu recevras de moi, tandis que je vois encore la côte d'Anglettere.... île de bienfaisance et de liberté, île (je le dis pour sa gloire) qui donna le jour à mon Yorick.

Comme je fus alarmée au premier mot de votre lettre!... Votre mal m'a inspiré le plus vif attendrissement.

Un vaisseau rompu dans son sein.... O terreur! mon sang a bouillonné dans mes veines, et s'est fixé près de mon cœur, lorsque j'en ai su la nouvelle.

O les mouchoirs que tu tiens de moi, que n'avaient-ils la vertu souveraine de dissiper ton mal!..... J'ai été heureuse, lorsque j'ai su que vous aviez dormi.....

mais ce songe! Ciel, ne permets pas qu'il soit *prophétique ;* préserve - moi du devoir pénible d'assister à la dissolution.

Tes larmes, je les conserverai dans un crystal.... Je pleurerai pour toi, et ces larmes seront les tiennes, parce qu'elles seront versées pour toi.

Votre imagination a pénétré dans mes pensées, dans mes sensations.... elle m'a vue telle que je serais, si j'étais près de vous.... J'embrasserais vos genoux, je les presserais, et mes regards chercheraient à vous consoler.... car je ne pourrais que vous regarder : il me serait impossible de parler.

Je me joins à toi, pour bénir l'enfant de ton adoption.... notre Lydia.

Qu'il soit loué à jamais, l'être enfaisant qui a guéri ta maladie et arrêté ton sang.... celui qui ranima dans ton sein les sources de la vie.

Oui, je l'espère, tout se terminera à la satisfaction de nos deux âmes.... Je ne

veux point, non je ne puis douter de la
bonté, de la sagesse de celui qui te donna
l'être.

Et vous me demandez qui m'apprit l'art
d'écrire.... Ce fut mon Yorick. Si Eliza a
quelque mérite.... Si son style a quelque
charme.... si ses lignes coulent avec une
liberté facile.... l'éloge vous en est dû, il
vous appartient tout entier.

J'ai pris toute la peine possible pour vous
dérober vos pensées... votre manière.... le
choix et la délicatesse de vos expressions...
je prenais une plume, et je voulais toujours être Yorick.

Je dois cependant vous gronder.... Je
le dois, mon Yorick, pour avoir montré
mes lettres.... Vous êtes blâmable d'expo-
ser ainsi au grand jour les faiblesses
d'Eliza.

Elle développe son cœur pour toi; elle
le laisse ouvert à tes yeux; mais elle ne
voudrait point qu'il fût ainsi montré sans
voile, dans la plénitude de sa franchise...

Sans apprêt, elle laisse aller sa plume, et tout le monde, mon Yorick, n'est pas si bien intentionné.

Vous me dites qu'ils m'admirent.... fausse flatterie.... Leurs éloges sont trompeurs.... C'est à vous qu'ils s'adressent.... Ils vous trouvent aveugle sur mes défauts... ils ont découvert votre prévention extrême pour tout ce qui vient de moi ; ils ne veulent pas vous troubler dans vos songes : ils vous admirent, ils vous considèrent.... Voudraient ils contrarier votre opinion.... c'est le respect qu'on a pour Yorick, qui produit les louanges données au faible mérite de son Eliza.

Nous sommes dans les dunes.... le vent est favorable.... Il annonce que nous mettrons à la voile cette nuit.... le capitaine lui-même vient de me l'apprendre... Je passe les momens qui me restent à épancher mon âme dans ton sein.

Adieu, le plus estimable des hommes.... Bonne et sensible créature.... Adieu. Je respecterai, je chérirai ta mémoire. Toujours tu me seras présent. Mon estime répond à la tienne. Je t'aime d'une égale affection.... Qu'Eliza soit toujours chère à ton cœur.

Je me respecterai pour l'amour d'Yorick, de mon Yorick qui est mon ami pour la vie.

Tous les matins je veux chanter ton hymme à l'Espérance... et cependant je pleurerai sur notre séparation.... Adieu, mon Bramine, mon fidèle mentor, adieu.

Que la prospérité soit ta compagne, que la paix couronne tes journées : c'est le souhait de ton éternelle amie Eliza. Adieu, adieu.

P. S. J'écrirai par le premier vaisseau qui fera voile pour l'Angleterre.... Je ferai mon possible pour écrire. Adieu.

FIN DU DEUXIÈME ET DERNIER VOLUME.

TABLE DES MATIÈRES

CONTENUES

DANS CE DEUXIÈME VOLUME.

———

SUITE ET CONCLUSION DU VOYAGE SENTI-
MENTAL.

DEUX CHAPITRES DANS LE GENRE DU VOYAGE
   SENTIMENTAL DE STERNE; PAR MADEMOI-
   SELLE DE LESPINASSE.

Fin de la Table du deuxième et dernier volume.

www.ingramcontent.com/pod-product-compliance
Lightning Source LLC
Chambersburg PA
CBHW070628100426
42744CB00006B/628